Get the Guy

男人完全解密，讓妳喜歡的他愛上妳！

馬修・赫西 Matthew Hussey 著　蘇凱恩 譯

suncolor 三采文化

Contents

第三步 一手掌握他

♡ 專業推薦

去年第一次在YouTube上看到馬修的影片《你為什麼一直遇到渣男》，當時正被這個問題困擾著的我，看完了馬修的影片之後，從此改變了我的戀愛態度，也立刻下訂馬修的書。

去年我買的時候只有英文版，現在有中文版了，推薦給大家，看完人人都能成為戀愛大師！

——愛莉莎莎，新世代高人氣YouTuber

看完之後立刻推薦給我母胎單身的好姐妹了！戀愛這檔事，與其求神拜佛問月老，不如看上一本內容扎實的精華寶典！作者馬修・赫西站在男人的角度，簡單扼要又好懂地告訴妳：「其實用對方法，搞定男人一點也不複雜！」

——SKimmy 你的網路閨蜜，知名兩性YouTuber

♡爆棚推薦

「這本書完整推翻女性不該主動的概念，因為男人就像好市多裡的袋裝烤雞，動作快的人才能搶到最新鮮、最好吃的；不主動出手的人，要嘛吃剩下的，要嘛吃不到。善用馬修小技巧，好男人真的不會跑。」

——Vanessa，應該在書出版之時已脫單

「如果妳想當個令人上癮的女人，而非總是跟人上上而已，就必須詳讀馬修說的一切！馬修提出了所有男人不說，但女人都該了解的重要事實。讀後我大大震撼，原來自以為對男人的了解，都錯得離譜！」

——D，一言難盡但正神奇復原中

「書裡有很大的篇幅都在提倡女生應該主導自己的戀愛關係，這個觀念是非常需要進入亞洲女性的世界裡，我認為『只有妳主動去追求自己想要的男人，才能避免渣男來追求妳』的想法，書裡直線型的思考其實給了女生更多信心，雖然文化不同，但是他卻給了一個很棒的強心針，讓想改變的女人有一個好的開始。」

——Cindy，喜歡單身生活，享受獨處的女人

「我覺得這本書很循序漸近並精闢的為女性條列出如何吸引男性的方法及重點概念，如果很渴望交男友卻煩惱不知道怎麼做、怎麼跳脫自己的舒適圈，這本書是個很好的參考寶典，可以讓你省卻很多原地打轉浪費掉的時間！」

——菲屁，（曾經）對愛情感到彷徨
（現在）可坦然與之共處的女子

「經歷過幾段刻骨銘心的感情，從純愛到狂熱、迷戀，所有激情都遭遇過一輪後似乎終於懂了自己的人生目標在哪、到底什麼是適合自己的。

我習慣性的將過往經驗翻出來，與書中提到的行為一一比對著、檢討著。像檢查某個專案項目一樣一項項確認、打勾、畫叉……甚至看到不少似曾相識的行為而不小心一個人在公共場合笑出來。

心靈得到抒發外，知道其實宇宙中不是只有自己一個人在情場中掙扎著（笑）。

願眾怨女們跟我一樣在本戀愛說明書中找到最佳解決方案，燒掉敗犬標籤！」

——就算是死上班族也要一直辣下去，剛斷捨離一段煉獄修行，人生reset之後馬上遇到新對象正在萌芽階段

「原來我三十年來的觀念都是錯的！為什麼我現在才看到這本書！錯過了他們給的訊息或是無意間給了對方軟釘子。馬修讓女人

了解男人到底在想什麼，鼓勵女性拋開那些錯誤的觀念和莫名的堅持，鼓起勇氣踏出舒適圈，其實談場戀愛並沒有這麼難。讀完這本書，會讓妳想趕快把這套方法用在曖昧對象身上！」

——Reina，希望讀完就找到一起度過今年聖誕跨年的伴侶

「身邊太多因為想戀愛而戀愛的慘痛案例，我們以為的真命天子其實是花花公子、我們以為的天賜良緣原來只是一廂情願！好好檢視追愛過程哪裡出了問題，再也不要為了戀愛而隨便投入感情！因為作者不會勸妳情海無崖，回頭是岸，而是教妳怎麼面對他、解決他、征服他。」

——Abbey（阿比），（曾經）勇敢追愛（現在）享受寂寞的女子

「自古以來，愛情就是如此矛盾，既甜蜜又充滿挑戰。但這本書真的改變我對男人的看法，因為我才知道他們的內心和感受是如此想，更深入地了解他們。

不管妳正在認識對象，或者穩定交往中，都要來讀一下，因為這不只是關乎怎麼經營感情，我也從當中學會該如何愛自己、有自信、面對恐懼。我也被提醒努力成為一個更可愛的人，更善於愛我愛的人。」

——Stephanie，不完美卻深深被愛著

「的確，男人和女人想的都一樣，都想找到那個對的人。因為對的人會讓彼此都變得更好。打敗情敵並不會贏得愛情，唯有先愛自己、變得更好，才能找到你愛情命定的神隊友。」

——Sherry，享受愛情的幸福人妻

「這本書所有女人都應該擁有，因為學校沒教會我們怎麼學做女人，學習做個會被自己吸引的人。

妳需要用這本書來挖掘等不到被愛的真相，學習用對的方法展現魅力的自己。這本書給的不只是談情說愛，而是帶著妳找回深藏

在內心熱愛自己的妳。」

——Duffy，
熱愛舞蹈卻身陷阿貝群中期待下一段美好的女子

「我翻開看了標題就會驚歎連連的寶典，透過本書恢復自我價值，扭轉社會對女人的既定思維。

的確，女人們都戴著蝦墨鏡卻期待肥美鮮嫩可口的龍蝦。

但是，女人們可以把自己的美好生活帶入感情。

原來，女人們不用嬌滴滴裝柔弱的成為弱者迎合大眾的口味。

而且，女人們的美好是所有各個面向的加總。」

——Sophia，
母胎單身美女願意在海量中遇見極品的他

前言 我不只教妳找到對的人，還懂得談戀愛

愛情這檔事，也太難了吧！

妳愛他，他不愛妳；和以為會廝守一世人的人最後仍告吹；妳愛的人讓妳失望，拋下妳一走了之；妳瘋狂喜歡上某個人，但他卻從此音訊全無。妳受了傷，被拒絕，心碎了無痕。

就算天時地利人和，愛情還是可能帶來傷害，那種痛，好像有人往妳肚子重重打了一拳。說也奇怪，雖然「愛情」聽起來簡直是個糟透了的玩意兒，但人們卻還是如此渴望它出現在生命中。心碎了，把它補好，繼續奮勇直前，期望找到此生唯一的真愛。為什麼？為什麼我們要繼續冒險？因為……沒有比談戀愛更棒的事情了！星期天早晨，和讓妳為之瘋狂的人一起在床上悠悠醒來，人生有此夫復何求？就算他只是說個「嗨」，妳都覺得世界上沒有比這更悅耳的聲音了。管它什麼潛在商機、升職、假日，甚至再多錢都比不上愛情帶給我們那種心兒怦怦跳、飄飄然的

感覺。

因此，不論妳過去跟異性交往的經驗如何，妳還是會試著想要尋找愛情。只不過，這次當妳重回情場時，請帶著我提供給妳的工具和技巧，包妳順利找到夢中情人。

好男人到底都去哪了？

我常聽女生這麼問：好男人到底都去哪了？**我的答案是，他們就在妳身旁！**妳之所以遇不到他們，是因為妳沒給過自己機會遇見他們，我指的可不是在酒吧另一頭對妳品頭論足的那些「玩家」，而是符合條件，值得花時間和精力的對象。

找到對的人，我說的可不是隨便找個男人而已，妳需要投入到生活中的每個層面，為自己創造認識許多不同人的機會；妳可能會和其中某些人交往，而妳夢想中的真命天子可能就在其中。話說回來，在我要教妳的這些技巧中，最有幫助的一點就是它們同時也能幫妳提升自己的生活。畢竟，**對生活充滿熱情的女人看起來又性感又迷人。**

我會教妳該如何在愛情生活中採取主動，但又不至於看起來絕望、隨便；如何擁有選擇權，還讓他迫不及待地來追妳。最重要的是，該怎麼自然地運用這些技巧，讓妳再也不需要玩任何愛情遊戲了。

這一切都得從我開始注意女孩時起，我就一直不懂，為何其他男生好像總可以追到他們喜歡的女孩，而我似乎就是那個沒得選擇的人。

當時我就知道，男女之間一定存在著某些「戀愛公式」，我只是還沒把它們搞清楚而已。也因為我在愛情方面的表現實在不怎樣，這股挫折感反而驅策我去學習該怎麼認識心儀的女生、和她們聊天、吸引她們，最後贏得芳心。

於是乎，我開始當其他男生的教練，教他們去做那些我親身做過的事。這門生意成長的速度很快，不出幾年，我已經幫助超過一萬個男生追求他們心儀的女性。甚至在全英國都有口皆碑。我曾經在很多紀錄片裡出現過，二〇〇五年威爾・史密斯（Will Smith）飾演專業「約會顧問」的那齣愛情喜劇上映後，媒體乾脆就封我為真人版「全民情聖」。

不要不相信，男人想要的和妳一樣

某次，我受邀對一整屋大概三百多個男人演講，為了破冰，我就問他們一個問題：「好吧，你們有誰想上床的？」現場一個女生都沒有，所以他們沒有矜持的必要，自然可以誠實以對。妳可能認為所有的人都會舉手，拜託，有哪個男人不想上床的嗎？然而實際上，只有大約六〇％的人舉手。然後，我又繼續問下去，「有誰想要一段很棒的感情？」妳知道發生什麼事嗎？在場的每個人都舉手了（有的人還舉雙手呢）。

搞了半天，其實男人想要的和女人根本一樣，一段能長久持續、有意義的感情。

我無法忘記那些高懸在空中的手。我想著，如果女人知道男人原來是這樣，她們一定可以對找到真愛更樂觀才是。

我花了這麼多年時間，終於搞清楚男人行為背後的動機，他們在找尋什麼，如果我把這些資訊和女生們分享，她們不就可以用來為自己找到愛情嗎？我可以教她們怎麼引起注意、獲得約會邀請、受尊重，甚至，我還可以幫她們步入婚姻，這可是我身邊許多女性朋友不敢奢求的。

於是，我發展出一些實用但基本的步驟，讓女生們可以照本宣科。我為身邊的女性親友辦了一場小型聚會。在這場聚會中，我將男人如何思考、女人可以怎麼反過來利用這些思維模式等都一一詳細說明、拆解了一番。接著，再一起練習更進階、高雅，讓女人可以不費吹灰之力且不著痕跡地影響男人的方法。這些低調、細緻的方法，不但讓女生可以在感情生活中反守為攻，而且完全不會引起男人的警覺心，這麼一來，女士們不但可以挑選喜歡的對象，還能成功吸引到他們。

不過，成功的關鍵還是在於維持完美的平衡：在採取攻勢之餘，又能維持高質感（這本書正好有多處都討論到該怎麼成為一個高質感女性，稍候還會陸續談到）。

替百萬女性找到她們的愛情

當時的我完全不知水溫如何，但女性友人們都驚為天人。她們從沒聽過這類東西，當然更不用說是從一個男生口裡聽到。就在聚會後一週，其中一個單身的女性朋友開始跟她喜歡的男人約會，而那些原本就有對象的人也說，她們的男友更尊重、欣賞，也更愛她們了，至於那些從沒說過「我愛妳」的男友，也終於說出口了。喔，還有一個之前說不想結婚的人甚至還求婚了。三個月後，一開始都還是單身的那些女生，都找到了她們喜歡的男生談起了戀愛來。

消息一傳十十傳百，開始有我不認識的女生打電話來徵詢我的意見，詢問關於約會、感情問題的電子郵件塞爆了我的信箱，於是，我開始了私人教練課程。每週、每晚的每一個鐘頭裡，我都會接到從不同時區打來的電話。

我的「找到真命天子」（Get the Guy）課程就此正式開始，後來更幫助了五萬名女性，和網路上超過百萬人找到愛情。透過這個課程，我現在在世界各地常舉辦不同活動。過去這四年，我都不斷地思考、教學，並且精進課程內容。

在課程中，我鉅細靡遺地說明女生需要知道的一切，**上至該去哪才遇得到對的人、該怎麼吸引他們注意，下至該怎麼讓中意的男生願意和她們進入一段長久，甚至終生的關係**。我的任務，就是和女人分享每個與男人有關的祕密，讓她們可以用來改變自己的感情生活。

活動第一晚，我習慣讓這些參加課程的女生走出教室，進行一項簡單任務，好驗收她們今天學到的東西，她們用從未曾有過的輕鬆態度和男性交談、展現風情、開心玩樂。隔天早上，她們回到研習會分享前晚的經歷，數年沒約過會的人分享已為下週安排好了數場約會。我希望妳讀完本書後，也會有同樣的經驗。

它不只能幫妳找到另一半（如果這是妳想要的），同時還能幫妳贏得他的心——了解他在想什麼，他到底要什麼，他究竟如何看待女性、情感關係、性愛、承諾等等。不過，雖然我在本書裡分享了許多關於男人腦袋裡的祕密，但真正重要的，是妳。書裡提到的每件事都只有一個目的：幫助妳。對妳來說，某些內容可能非常直白，但假如要我寫一本教男生怎麼追女生的書，我絕對也會同樣直接，而且相信我，篇幅絕對會更長。告訴妳男生到底有什麼問題可幫不了妳，然而，我可以告訴妳該如何善用男性的需求、欲望，藉此找到配得上妳的人。請把我當成在背後挺妳的「可靠消息來源」吧！

我明白提升戀愛生活有關的相關資訊實在多如牛毛，我也知道有一派主攻改造外貌（但不改變妳的行為），也有一派走心理治療路線，細究最深層的心理和情感障礙，好讓妳克服這些限制。這兩種路線剛好是光譜上的兩端，一個非常表淺，另一個又很深層，兩種方法當然都可能對妳有幫助；但是，妳真正需要的，是那些能支援妳去找尋、遇見、得到他的方法，同時也幫助妳知道兩人一旦在一起後該怎麼辦。

找到適合的方法，妳就能成功。不管妳是誰、長得如何、工作是什麼、單身或離婚、是否有小孩、個性害羞或外向、高或矮、金髮或黑髮，都可以獲得妳所渴望的感情生活。這和運氣、命運、帶著弓箭的邱比特有沒有出現都沒有關係。浪漫的念頭、期待魔法發生的想法，更無法幫助妳的感情生活，只有妳能創造出自己理想中感情生活所需要的種種條件。

我的方法是由三個簡單的想法構成：

1. 學習新的、簡單的行為模式，讓妳可以認識更多男人之餘，還能任妳挑選。
2. 了解男人的想法和他們的需求。
3. 創造自己喜歡的高質感生活，自然而然就能吸引男人，不論有無找到他，都能為自己帶來滿足。

本書系統性地為各位整理出找到、得到、留住對的人的各種技巧。

在第一單元「妳不該只是想著脫單」中，我會教妳如何認識更多男生，怎麼讓他們主動認識妳，從開啟談話開始，在幾分鐘之內就可以決定要不要更進一步認識對方。這個單元主要聚焦在該怎麼提高認識「對的人」的機率。有些方法可能會讓妳有些卻步，但只要妳願意在行為上做出一絲絲改變，就能大大改造自己的生活和感情。

第二單元「戀愛應該這麼談」，則是教妳如何創造吸引力、加深彼此連結，檢驗妳是否真的渴望對方進入妳的生活。

最後一個單元「一手掌握他」，則是聚焦在找到人生真愛後該做的那些事。妳在此單元會發現，適用於感情發展初期的理論，在感情穩定後仍然有其功用。不間斷的練習，會幫助妳更享受這段妳渴望已久的情感關係。

☑ Step 1

妳不該
只想著脫單

Find the Guy

1 怎麼知道妳的選擇是對的？

妳平均一週會遇見幾個男人？

我所謂的「遇見」，意思是你們真的會有一些互動，妳會試著認識他，兩個人有眼神交流，時間不拘，可以是閒聊五分鐘，或足足暢談兩個小時。不管怎樣，你們一定有好好說到話，從郵差手中接過信來那種可不算。

如果妳的答案是，連個影子都沒有，或只有一個，那妳覺得得花多少時間才能找到命中注定的那個他？我們來模擬一下最理想的狀況好了：假設妳每週只認識一個新的男生，在這個前提下，妳需要多久時間才能遇到真命天子？我雖然不是數學家，但依我看，這機率還真是渺茫，尤其這些互動可能都是偶然發生，這些男人也絕不是妳精心挑選來的，這麼看下來，感覺機會就又更渺茫了。

不過，不只妳會碰到這種狀況，如果我拿一樣的問題去問男性讀者，他們給出來的數字大概也是半斤八兩。**把愛情交由機率決定，男女雙方皆有責**，怪罪小時候聽到的童話故事和好萊塢電影也無濟於事，我們不知怎的相信了真愛應該交由天注定；我們都誤以為某一天愛情會就悄悄發生，命運會在這天讓夢中情人從天而降，翩然來到打著聚光燈的妳我身邊。這種「命運自有安排」的想法導致我們動也不動。只是因為你相信當「時機成熟時」，那個對的人就會出現。於是，妳把時間都用來努力工作、實現抱負，妳關切的焦點是家庭、朋友、嗜好。我並不是說這些事無法為妳的生活帶來高度的滿足，但我希望妳知道，如果妳暫時把愛情生活放一旁，專注其他方面，一年一年過去，突然有一天，這種缺乏緊迫感的態度就會轉變為恐慌感。當我們意識到自己的感情生活毫無動靜時，就會開始驚慌失措；更有甚者，當發現連要怎麼讓愛情生活動起來都不知道時，就會更加崩潰，到最後是創造出一股無限重播的挫折感；更糟一點，就是妳完全喪失了希望。妳之所以選這本書來看，是因為心中一直有個疑問（或許妳的姊妹、女性友人、同事等也是）：「好男人到底要上哪找？」如果妳終於發現命運不是很靠譜的東西，那就離得出這個結論不遠了，妳需要更主動一點。妳得主動出擊去找到他。

那麼，到底該怎麼找起呢？

抓住這個很簡單的原則：去認識比妳所需數量還更多的男人！再說得更簡單些，**就是認識越多男人越好！**

等待是個陷阱，創造機會才能收成

在妳準備開始去認識夢中情人以前，先聽聽這句或許能鼓舞妳的話：人生中充滿了許多等待的人。他們等著對的時間發動攻勢；等別人先採取主動；等別人先表現出興趣，免得慘遭拒絕；等著別人邀請、行動。他們總需要自信滿滿才敢付諸行動。不論什麼事，總是等啊等啊等的。

等待者以為他們是在打安全牌，但通常到最後只會等到兩種東西：錯的東西，或啥都沒有。

自己的感情自己救，掌握自己的人生還有一個額外好處：當妳知道自己正竭盡所能改善現狀時，那麼即使暫時未得立竿見影之效，妳仍能為此感到滿足。妳知道自己正往前進，越變越好、不斷成長，顯然地，這會讓人開心無比。

不論妳覺得現在身在何處，妳都可以做一個選擇：要繼續等待，或是為自己創造機會？

等待的方法只有一種，就是什麼都不做；但說到創造機會，可是有成千上百種方法任君差遣，也就是說，機會可是無窮無盡。

請萬中選一，是因為妳不需要妥協

妳的目標是盡可能認識越多男人越好，但更重要的，是要能遇到那個人，能為妳的生活增添更多意義。我們這麼說好了，假設妳在三年內只新認識一個男人。妳可能覺得他還不錯，或甚至覺得他就是完美的另一半。但是，既然妳根本沒有任何可供參考、比較的對象，很有可能到頭來只是屈就於他，卻不知道妳其實值得更好的人。如果檯面上只有一個選擇，那麼任何人都無法擁有足夠的洞見，能信誓旦旦說它一定是正確的。

我猜妳可能也發現到，有時妳以為命中了紅心，但後來才發現其實根本連邊都沒搆著！只射出一支箭是沒辦法讓妳得到最好的結果，更何況，妳絕對．不想．妥協。如果妳想提高找到機率找到對的人，妳需要開始認識更多男生，不是一個，不是兩個，而是很多個。妳認識越多男人，就越可能找到對的人。

對異性的迷思會阻礙妳的感情生活

我是不會讀心術啦，但我的確有不少機會能直接從女性那聽到一些對男人常有的抱怨，然而我得說，這些抱怨並不是事實。我想跟大家分享一些揮之不去，關於愛情和男人的迷思。這些瘋狂而且有害的執念，不但對妳沒有幫助，還會不斷使妳裹足不前。這些迷思包括：

- 我遇到的男人要不是同志、已婚，不然就是怪胎？
- 男人只想找那些比我更火辣、漂亮的人。
- 男人不喜歡那些主動的女人。
- 男人只喜歡傻妹，而不是會挑戰他們的人。
- 男人都不願意承諾，他們只想找砲友或一夜情。

上述每一條都說是迷思。不幸的是，一直抓住這些想法也很危險，會讓妳容易把不順遂的感情生活都怪罪在它們身上。

咱們說好了，如果妳願意把這些迷思和一竿子打翻一條船的想法先暫且放下，也不再糾結於曾經和男性發生過多麼不愉快的事，並且不讓這些糟糕的經驗遮蔽判斷力，那麼，我很樂意全方位地為妳揭開男生大腦的祕密、好或壞的想法，甚至他渴望生命中的女性具備哪些特質等等。

漏斗哲學

認識更多男人並不是要妳當個花蝴蝶，但我會說這件事為何對妳只是有益無害。我用一組漏斗具體說明這個概念。

第一個漏斗，也是最大的一個，讓妳把所有剛認識的男人丟進去。這個漏斗的功能跟過濾器很類似，只有那些妳稍微有興趣的男士才可以通過這個漏斗，抵達第二個漏斗。

第二個漏斗，則是用來過濾掉妳不想跟他約會的男生，那些可能看第一眼時有些被吸引，但卻沒有立即來電的人。**只有那些妳確實感興趣，同時也願意花時間和他相處的人，才能通過第二個漏斗**，進入到第三道漏斗裡。這些人之中，又只有那些妳願意和他們約會超過一次的人能過關斬將，進入第四道漏斗。當然，最後一道過濾的程序，會篩選出妳真的願意和他發展一段感情的人。本書第二和第三部中，會更多談到這個過程。現在讓我們暫停在這，先幫妳踏入一個充滿機會的地方。

這個過程清楚明白，但我想強調一個很重要的原則：在第一道漏斗時，妳得盡**可能不要太挑剔，因為第一道漏斗的重點並不在於對方是否吸引妳，而在於盡可能多認識人，男女都可。**

第一道漏斗的目的，是讓妳跨出去走進人群，多多練習對話和調情，從交流中獲得樂趣，同時讓自己享受其中。妳要帶著盡可能認識越多男士越好的態度出門，這樣妳才能把更多男人掃進第一個漏斗。如果只把三個男人倒進第一個漏斗，那麼漏斗另一頭幾乎是不可能濾出對的人，應該把不會變成連續殺人魔的每個男人都倒進第一個漏斗，最後出現對的人的機率就變高了。

這麼做還有另外一個原因：讓妳養成習慣，樂於給初期認識的這些男士機會。多數人都很執著於找到「那個人」，然而最後卻只落得什麼人都沒找到的窘境。盡可能多去認識不同男士的好理由還有很多：

①妳不會因匱乏感而隨便談戀愛

當妳認識了很多男人，就不會一下子只把注意力放在某個特定的人身上，同時，若妳用豐富而不是缺乏的角度進入感情，會對妳更有利，讓供需的經濟原理為妳效力。

想想妳可能為了某個男人而在水深火熱中，但別忘了，男性只占世界總人口數的一半而已。當妳找到喜歡的人時，不見得代表妳是世上最幸運的人；同樣地，妳喜歡的男生不喜歡妳時，也不會讓妳因此成為世上最不幸的人。然而，**匱乏感容易讓人妥協**，如果妳相信這世界的好男人很少，妳就會花很多時間在最早遇到、還算不錯的男人身上，根本不在意他是否是對的人。相反地，充裕感卻能給予妳選擇權和自信感。當妳知道好男人從來都不缺時，妳就不會因為條件而死抓不放，而是懂得找到合適妳的人。

② 多認識、多聊聊，增加戀愛動能

養成和剛認識的人聊天的習慣，這會讓妳變得更有自信。在和不認識或剛認識的人交流時，妳會發現姿態保持放鬆、自在，就能創造出魅力。但要怎麼做到？多加練習，並且在任何人身上練習，女生、小孩、年輕人、老年人都可以。如果妳養成多主動認識人的習慣，這個習慣自然而然就會幫助妳認識更多男人。如果天菜找妳聊天時，又變回那個容易臉紅、緊張結巴的高中女生，就是因為妳練習的不夠。如果妳沒有常和人聊天，從未發展、練習這些技巧，那麼當性感男人接近妳時，當然就不可能馬上召喚出最棒、最有自信的自己。

③ 因為男人不會從天上掉下來

認識的男生越多，妳的選擇權就越大。談到愛情，挑三揀四真的只是剛好而已。想想看，妳將要花上一輩子的時間和對方相處，他會成為妳最親密、一起分享人生、最信得過的人。因此，他一定得特別到不行才行。就邏輯上來說，要找到那個特別的人，當然得先提高母體總量（也就是去認識更多男人），才能提高命中率。

我就認識一個叫做珍的年輕女生，大學開學第一天，她坐在教室等著老師出現，就在此時，她認識了一個剛好坐她右邊，看起來充滿魅力又友善的年輕人。他們互開玩笑，下課後還相約去喝咖啡。一個月後，他們開始交往，最後發展成一段持續整個大學時期的穩定交往關係。珍對她的每個朋友說：「就是他了！」她彷彿可以看見兩人在自己二十五歲結婚，婚後幾年生了小孩。她都想好了。她的朋友都有點嫉妒，不明白為什麼對她來說事情如此簡單寫意。

然後，某一天，珍的男友告訴她說，他還沒準備好要結婚，雖然他還是愛她，但他得在真得定下來前，去做想完成的事情。突然間，二十五歲的珍發現自己咻地一下被遠遠拋在後頭，心碎的她不知道要到何時才能再遇見下一個他。

她做著白日夢，想像新工作辦公室那個坐在她旁邊的男同事，也會跟舊愛一樣既友善又有魅力，主動和她搭話。只不過，當她到了辦公室後，隔壁桌的男同事不友善就算了，連一點魅力也沒有，更別說連跟她說話都嫌懶。她每週五、六晚上，都會和朋友出門玩樂，但總抱怨著說要找到跟舊愛一樣好的男人根本不可能。原因出在她在十八歲時中了愛情樂透，接下來七年也愉快地享受獎金。但二十五歲的她已然破產，又比之前老了七歲，茫茫然不知該如何重回情場。她有限的經驗告訴她，那個對的人應該要坐在她旁邊，無預期地在某天和妳墜入愛河，也就是說，她完全沒有能力自己去找到愛情。

珍以為她唯一的選擇，就是坐在原地繼續枯等。實在是痴人說夢！

你不需要大變身，只要打開社交圈

紀律對各領域中的成功人士來說，都與他們的成功有密切的因果關係。換句話說，就是「一個持續且不斷重複以同樣方式進行的動作」。遵照既定的習慣，會創造出正向關聯性，最後就會帶出正面結果。

此處所說的紀律，則是為妳量身打造，為了幫助妳認識更多男生。每週增加妳打算認識的男人數量，比如說從一週認識一個，增加到一週三或四個，這麼一來在短短數月間，就會為妳的感情生活帶來戲劇性的巨大改變。如果每週認識四個男生，一年下來妳就會認識兩百個男生！每週漸增的數量，最後完全改變了妳的約會生活面貌。

只靠一次聲勢浩大的行動達成的戲劇化結果，很難成為持久的改變。改變若要能長久持續，方法必須是自然且容易被消化的，這麼一來，在感情生活自給自足的同時，我們還是能維持日常的生活模式。

有一些電視節目會找來那種缺乏自信、沒有社交生活，當然也沒法談戀愛的女生，然後設計一場徹頭徹尾的大變身，讓她們搖身一變成為彷彿另外一個女人。這類節目總令我挫折。因為這是傳達一個信息給觀眾：她只要讓自己變得更好看就好。我對改造外貌絕對沒有意見，建立能維持健康、體態和勻稱身型的習慣絕對有其價值意義，但只強調這些層面卻無法讓感情生活有太大改變。

這種大改造的效力都只能暫時持續一陣子，因為它著眼於外貌，但並無法真正改變人的行為模式，然而，行為模式才是能真正造成改變的關鍵。所以，哪些紀律能幫助妳走上尋找對的另一半的正途？我們又該如何具體執行？請繼續讀下去吧！

八個小技巧，鍛鍊社交肌肉

不論去哪裡，認識新朋友的關鍵點永遠在於如何創造談話機會。以下提供一些可供運用的例行公事，讓我們能不斷練習自己的社交肌肉：

① 多說一句話

妳身邊永遠都有一個很容易與陌生人交談的人吧！可能是因為他們的性格或職業而有的習慣，這代表你也可以。妳可以從每個服務妳的人有簡單的交談，服務生、咖啡吧檯、業務、門房、投送快遞的人等等。這是一個很好的練習，特別是如果妳天性害羞，這個練習對妳就更有幫助了，因為這些人一部份的工作內容就是要跟妳說話。這不是要妳變得很會聊天，但妳可以在每段對話中更進一步，**將目標設定在知道他們的姓名、住處，或發掘一件和他們有關的事。**

不論在什麼情況下、對任何人，妳都可以打個招呼。當對方回應妳後，再拋出問題，或聊聊天氣，甚至抱怨個幾句都好。妳可以嘴巴甜一點，比如說稱讚他的笑容，不為別的，只是純粹想讓他開心；假如那天剛好是禮拜五，問他這週末有什麼計畫；如果對方是咖啡店的服務人員，請他推薦他最喜歡的蛋糕種類，如果妳剛好點了一杯咖啡，也可以問他能不能為妳拉一個特別的圖案。

站在服務業的角度，他們就是得與陌生人互動，所以不妨好好利用這點。這不但是很好的練習，同時也能讓他們和妳的這天過得更開心。

②記住他們的名字

可能是健身房遞毛巾給妳的櫃檯人員、午餐時的服務生、辦公室警衛等，給自己一項任務：每天多知道一個人的名字。

③書是中性的好話題

任何妳看到正在讀書的人，手上拿的書是妳讀過或想讀的書，去找他搭話，話題可以是發表妳對這本書的看法，或問問他有沒有看過同作者的其他作品；也可以只是簡單地問他這本書好看嗎，對這本書有什麼想法等。

④ 男人都愛電子產品的話題

電子產品是最好上手的話題了，男人都很愛現，而且總是迫不及待想和人分享它們的功能。妳可以問他最喜歡用哪個app、推薦哪幾款手機，或這臺機器最棒的地方在哪。

⑤ 別浪費排隊的時間

妳可以請他稍微挪一下位子，好讓妳可以搆到架上的商品；或問他能不能幫妳拿一下雨傘，妳才能空出手把錢包從皮包裡撈出來。如果妳那天特別有冒險精神，也可以問他喝咖啡時喜歡加全脂或脫脂牛奶。

⑥ 健身房是為了認識人而存在

跟其他來運動的人，健身房員工、教練（或是乾脆三合一，直接找跟妳一起上拳擊有氧課的人出去喝一杯）聊聊。

⑦ 每天稱讚三個人

通常最容易稱讚的地方包括衣服、鞋子、眼鏡（但讚美當然要說出具體理由，畢竟一雙沾滿泥巴的靴子真的不好讓人稱讚，為稱讚而稱讚會讓人覺得妳在諷刺他）。眼鏡是妳最佳的稱讚物件，讓妳有正當理由和對方四目相接；稱讚帽子也不錯，因為這麼一來妳就得把頭抬起來，而不是只低頭盯著別人的鞋子。

⑧ 每天找個人日行一善

可能是為別人暫時擋著門、開車時保持微笑、在車陣中禮讓他人先行、幫助長者過馬路、為妳不認識或不熟的人買杯咖啡等。這些行為看似和感情生活沒什麼關聯，但累積下來卻會大大影響我們的自信心，也會讓我們對隨機式地互動更輕鬆自在。

如果妳真的很不擅長跟陌生人說話，先從小地方著手。問問那個男生現在幾點鐘，或看著他的眼睛說：「你今天過得如何？」如果這對妳來說是小菜一碟，那就看看妳還能想到些什麼話題，問他對某件事的看法。甚至妳也可以挑戰自己去主動稱讚別人、主動和任何一個剛認識，才聊五分鐘的男生要電話等等。

把這些習慣融入日常生活，雖看似微不足道，但傻瓜才會低估規律執行小事帶來的力量。**妳今日為自己設立什麼習慣，會直接反應在一年後的感情生活樣貌上。**

妳可以觀察一些妳欣賞的外向朋反，他們有什麼方法自然與人交談，或者請教他們的看法。記得培養需要採取特定行為的習慣，「更喜歡社交一點」這類抽象、模糊的要求，是很難被具體實踐的，因為妳完全無從評斷自己到底有沒有真的落實它。如果妳真的開始養成這些具體的新習慣，不出一週，妳會發現自己好像（看起來也是）一頭派對狂，而這一切只需要妳稍微改變一點日常習慣就好。

想要認識人，現在就開始

找人攀談是一件難事，我們總有各種藉口。他在和朋友說話，現在不是去搭話的好時機；不然就是，他又還沒對著我微笑。這種拖拖拉拉的場景屢見不鮮，要為自己找藉口實在很簡單。我們決定要開始運動，卻不是立刻開始，而是等啊等的，因為還沒有買足全套的健身裝備、這週太忙了、等比較不累時再開始、等能夠撥出時間來再說；也因為我們一直在等待完美的時機，於是年復一年，我們還是停在原地，毫無長進。

認識男人的道理也一樣。

好比說妳設定了一個新習慣：從明年開始，每週都找個不認識的男生攀談，那麼只要妳持續這麼做，我們可以樂觀地估計，到了第二十週，搞不好就遇到對的人。之後每當妳分享這個故事，妳朋友會驚呼道：「天哪，妳真是太幸運了！怎麼能夠這麼隨意地在上班途中遇見他！」但妳心裡知道，這才不是幸運呢，真要說幸運，可能只有他剛好在那天出現在那而已。妳之所以能夠遇見他，是因為妳建立了一個新的習慣；妳之所以能找著愛情，是因為妳決定要去尋找它，讓愛成真。

關於戀愛，
馬修這麼說：

Q: 多認識人跟談戀愛有什麼關係？

1. 妳不會因為匱乏感而隨便談戀愛。
2. 多認識、多聊聊，增加戀愛動能。
3. 因為好男人不會從天上掉下來，走出去吧！

2 當個令自己上癮的女人，不是誰的她

我們得不同凡響才能吸引到不平凡的人，這不是為了迎合別人，更是為了自己。如果要找到這樣的一個人，始於提升自己的表現，提高標準，並且一開始就要明白妳是一個高質感的女人。

高質感的女人，這是什麼意思？

最近，我詢問女性友人席薇亞想找哪種類型的男生，她洋洋灑灑開了一長串條件，要個性外向、可以當朋友、誠實正直、大膽、勇於冒險、生活有目標和方向、充滿熱情與自信。換句話說，席薇亞心目中的那個他，絕非平庸之輩。

因為她是我的朋友，我當然會覺得她還滿不錯的，但重點是，妳一定也希望妳的完美男人具備這些特質，但妳自己又符合幾項？請相信我，妳也不會一邊坐著喝茶，一邊想著：「我就是想找一個沒內涵的傻子，他成天都寄望著我滿足他所有的需要、讓他的生活更有趣。」不，妳的真命天子也想找到一個具有高質感的女人。

即使每個女人都有獨特的個性，各自的喜好和品味，也有自己的意見，會被某些事弄得不開心或開懷大笑。不過，某些特質倒是所有高質感女性都具備：自信、

獨立、正直和女人味。下功夫培養這些特質，是找到妳配得擁有的愛情的第一步。

自信：珍惜自己、目標明確

自信的定義，是形容一種對某件事感到胸有成竹的心理狀態，而一個高質感女人就是這麼看待自己。她知道自己的能力在哪、會受什麼吸引、值得什麼人事物。一個對自己深具信心的女人，會有很深刻的自我價值感，提醒她不至於忘記自己擁有哪些特質。如果她在一段感情中得不到自己想要或需要的東西，充滿自信的她也能清楚地表達出自身需求，或者也能離開這段無法滿足她的感情。即使還在交往初期，這個原則也仍然不會出錯。如果跟妳聊天的那個人實在無聊的要命，或根本就都在自吹自擂，一個充滿自信的女人會想辦法有禮地脫身而出，不會繼續浪費更多時間。

展露自信可以是件很俏皮的事。不久前，我在洛杉磯正準備去機場。上了計程車沒幾分鐘後，我和司機在後照鏡裡對上了眼，他對我說：「一定有人覺得你很值得被重視。」

「啊？為什麼？」我說，「因為他們找了我來載你啊！」他毫不遲疑地說道。

我記得那時心想，這真酷！這老兄真是太有安全感了。我心想，一個有自信的人看起來就是這樣！自信不是自大、自以為了不起，而是知道自己真的很棒，並能自在、自娛。

所以，自信是妳所能夠擁有最性感的特質了！**一個有自信的女人，知道不管哪個男人的生活裡有了她，絕對會大大提升好幾個檔次。他們彼此都能從中獲益。**

有自信的女人在各種場合中都能處之泰然，就算她天性害羞也如此。當參加派對時，她知道自己炙手可熱，正確的自我認識為她帶來了安全感。她不會浪費時間跟其他女人比較來比較去、試著趕快融入大家，或是看別人在做什麼，好依樣畫葫蘆。就算其他女生因為美貌而引起許多注意，她也不會因此覺得自己很糟。她也不會因為男人的外表、財富或地位而卑躬屈膝、趨之若鶩，她知道自己比這一切都還要有價值。

沒自信的人是從眾者，總期待從別人獲得肯定。他們不敢說出真正的想法，深怕和別人不同，所以不惜改變自己，只為了和別人看起來一模一樣。妳或許也曾相信女人百依百順的樣子對男人很有吸引力，因為這樣一來妳就不會威脅到他們。然而事實是，沒有任何事比搖擺不定更能扼殺男人對妳的興趣。當他發現妳為了討好他而去做和自己個性不合的事時，他會知道那是因為妳覺得配不上他。如果妳很確定自己是有價值的，那麼當妳跟他說話時，反而會讓對方覺得自己很特別。妳的自信是一面鏡子，反映出對方的自我意識。當妳和他人互動時也是如此，不過這點對感情關係來說尤其為真。

一般來說，有自信和安全感的男生只要一察覺到妳的不安全感，就會立刻失去興趣。千萬別給他失去興趣的理由，萬一妳真的對自己有什麼懷疑，留給心理諮商師就好。

一個擁有自信的女人能說出自己要找什麼樣的男人，如果對方無法符合需求，那就不是對的人。當一個男生遇到這樣的女生，他絕對會想拿出最佳表現，因為知道唯有這樣才能讓她買單。男生想找的對象，是知道自己配得上他的人。

獨立：找到那個人前，先找到妳的人生

獨立和自己做決定的能力，也是高質感女性相當重要的特質。她妥善經營、熱愛人生，會去做一些有意義而且能讓她充滿熱情的事。她擁有一份自己熱愛的工作，閒暇之餘也會從事一些能發揮創意和宣洩情緒的活動。身邊的人都能正向增強她的價值感和自信，她不需要男人才能覺得生活有趣，她是自己人生的主人。

不管妳目前有沒有交往的對象，這都是一個合用的建議，而且這都可以回到「增加選擇」這個重點。如果妳的日子過得充實滿足，就不需要男人來填補空虛感。這麼一來，當在決定要把時間花在誰身上時，妳會更精挑細選。**擁有豐富的生活，能幫助妳更聰明地選擇對象。**

那麼，當男人遇上獨立的女人時，他會怎麼想？他會想成為對方美好人生的一部分，而且也不用擔心她會變得太黏人。關於感情，男生最害怕的事情之一就是談戀愛時的窒息感。他會擔心談戀愛後會否就失去了自己的生活。要對付這種男性本能，妳得對他的自我喊話：「歡迎你成為我生活的一部分。」與此同時，妳也不需插手對方生活的每一區塊。假如他不想參與某些帶給妳生活情趣的事，比如說，他可能不想去作瑜伽、攀岩、逛街，或和妳喜歡高談闊論的男性友人聚會，就算他不一起，妳還是可以愉快地接受他的缺席，繼續做妳本來想做的這些事。這樣等於在向他發送一個訊息：就算沒有你，我仍然是完整的，儘管如此，我還是很樂意讓你成為我生活的一部分，因為你值得。

這是一種微妙的平衡，一方面維持自己的獨立性，但同時也讓對方覺得他有能提供給妳的東西，只要你找到的那個人是對的，這應該不會太困難（如果妳沒辦法在一分鐘內答出他為妳的生活帶來什麼美好的事物，快逃啊）。當然，妳並不需要一直去安撫他的自我，然而對他的嗜好表達理解和欣賞，也絕對是穩賺不賠的一件事。

正直：有原則會吸引到高尚的對象

所謂的正直，意思是知道自己的原則，並且不因此而覺得不好意思。妳不會為了獲得他人肯定而讓自己相信的理念打折扣；也不會為了融入群體而讓壞習慣有機可乘。就算對某人有興趣，也不會為了配合對方而違背自己的原則。不論大小事都是如此。這表示妳對朋友忠心，對他人不致過度苛刻，也不會參與散播對人造成傷害的流言蜚語。這也會表現在有禮貌對待餐廳員工、慎選使用手機的場合等事情上。這些或大或小的行為讓妳成為與眾不同。和自信相同，有原則不只是個能吸引男性的特質，同時，為了成為更好的自己，這也是妳該投資的一件事。

當運用於找到理想對象上，會向對方發出訊息，告訴他妳會堅守自己的價值，而這能建立信任感。當男人信任妳時，就會更專注地聽妳說話，因為他知道妳絕不會隨便說說。如果你們的互動建立在正直上，那就等於是建立了一個互信的互動模式，妳也可以對他有同等期待。面對現實吧！一個正直的女性，是不可能忍受偷雞摸狗的男人的。堅守自己的原則，他就知道妳對他也有同樣的期待，他會願意接受這個「不想讓妳失望」的挑戰。

女人味：對生活充滿熱情，散發出的性感魅力

好吧，我說出來了。我知道這可能踩到了地雷，但我還是想談女人味。這件事，跟什麼性平權，或妳想當消防員、有權利和男性消防員同酬，或要求男性更多分攤家務事等沒啥關係。

女性特質和兩性平等這類議題，在近年來變得相當令人困惑，有時好像連談論相關議題都會引起紛爭。但我想在此澄清一些常見的誤解。我常聽女人說，只要她們表現出堅強、獨立的樣子，男人就會嚇個半死。雖然有時候這是確實，不過，這也不代表妳需要拋棄女性化的一面！

比起以往，當今世代的女性占總勞動力的比例是前所未有地高，過往在文化和社會上，阻礙女性獲得平等的藩籬如今已被打破，女人再也不需要男人保護。不過，從古至今倒是有件事始終不變：男人總會被女人的女性化特質吸引。不論家裡負責賺錢或接送小孩上下學的人是誰，男人的出廠預設值就是被設定成會對女性化

的一面起反應。如果我們完全誠實，妳會發現，這是因為男人就是需要女人才能覺得威風凜凜。妳可以說男人和女人就像是陰與陽或兩片相合的拼圖，但不管怎麼比喻，兩性間的吸引力倒是有些不可或缺的元素。

每個男人都需要自己具備一些對方認為只有他才能提供的東西。這是種難以言喻的感覺，不見得是睡前躺在床上想著：「啊，如果沒有我，莎拉還能找誰幫她換機油呢？」但男人必須要有這種情緒性感受，以滿足他付出和保護的本能。

所以，真正剝奪男性自尊的，是讓他認為自己一無是處，沒有任何東西可以付出，而男性自尊一旦受損，要再修復可就很困難了。當男人聽到妳說根本不需要他、可以自己完成所有事時，他並不會因此就覺得妳能幹、獨立，或是驚嘆妳有多厲害，他只會覺得自己很沒用。

千萬搞清楚了！沒有一個男人受得了跟視他毫無用處的人在一起。

所以，女性特質這檔事，並不會和自信、獨立相斥，而是這些特質的出發點。一個知道自己是誰的女人，會是強悍而且獨立的，她知道怎麼用另一種方式表現對她男人的需要。如果妳剛下班回到家，抱緊妳的男人，給他一個最性感的超級無敵香吻，跟他說：「我今天好想你喔！」或「我一整天都好想趕快看到你喔！」，他會立刻覺得很受用，因為他對妳來說很重要！雖然他眼中的妳非常堅強、能幹，但原來妳還是需要他的！有誰不喜歡被需要的感覺呢？

我很少立下什麼規矩，畢竟每個人都是獨立的個體，關係又是流動而且互相的。但我倒是有一個硬性的規定。如果妳和人約會，不管是第一或第一百次，你們散著步，突然起了一陣風，然後你的約會對象把外套脫下來給妳，這時，請妳一定要披上它！我知道，妳可能一點都不冷，搞不好還很享受這陣風輕撫手臂的感覺，也有可能，妳覺得他的外套真是醜到掉渣，但不管如何，就接受吧！

千萬別說：「我很好，謝謝！」

千萬別說：「好像真的有點冷，但你應該也會冷吧？」

千萬別說：「真的不用了，謝謝，我沒事！」

不管妳冷不冷！給．我．披．上．那．件．該．死．的．夾．克．吧！

讓他英雄救美，當他遞給妳他的夾克時，並不是想讓妳欠他人情，而是想要服侍你，更別說，這麼做會讓他相信自己很有男人味！男人生來就想服侍女人，雖然女人從不了解，而大部分的男人也絕不會承認。

當男人要幫妳提行李時，難不成是他真心覺得，如果不出動這雙肌肉糾結、充滿男人味的手臂，妳就會成為一個無助、苦惱的柔弱女孩，痴痴等著看誰能幫妳把行李搬上樓嗎？

他提議幫忙，並不是因為妳很弱、很沒用，而只是因為他想被妳接受。對他來說，接受他幫助的女人，等同於接受他。這就好像妳對他說：「好喔，我允許你照顧我。」他心知肚明妳不需要被照顧，但某方面來說，他又很想滿足妳的各種需要。這和妳以及妳有沒有能力一點關係都沒有；而是和他以及他的不安全感有關。

我們在這章裡討論的這些特質，其實都和性格脫不了關係。一個有高質感的女人，會具備出眾、強健的性格。或許她個性害羞，但仍然充滿自信；她或許靜靜、簡單地生活，也或許過得光彩多姿、熱鬧滾滾，但總之一定是充實且獨立；可能她喜歡劈柴、摩托車賽車，但卻還是保有女人味。不用說，即使面對困境，她還是一定會守住自己的原則。培養、發展這些高質感女性應該具備的特質，對提升妳的生活品質也很有幫助，同時，不論妳現在有沒有交往的對象，這都能讓妳熱愛現在每一刻。

如果妳每天早上都能迫不及待地醒來，那就表示妳擁有最美好的人生。而當妳擁有美好人生，那麼不論感情狀態如何，妳都還是穩賺不賠。有人分享也好，沒人分享也罷，我們都還是可以擁有充滿熱情、趣味、刺激、充實感的不凡人生。不論發生什麼事，我們都可以用超然態度看待，同時也越來越清楚一個事實，別期待感情會帶給我們非凡的生活，而是把自己美好的生活帶進感情中，和另外一個人分享，帶著這樣的想法就一定能找到這種感情。更何況，當一個女人過著自己喜歡、忙碌又有趣的生活時，她自信滿滿，知道自己早就擁有自己想要的生活了。

因為妳平常就很有的聊，所以約會也會變得更容易。因為妳有自己的興趣、熱情，所以當對方說「咱們找些事做吧」時，妳就不會抓破腦袋都還想不出該做什麼好。

優質的人都喜歡另一半擁有生氣勃勃的有趣人生，因為渴望成為對方生活的一部分，從中發掘出對方性格中的各種不同面向：充滿冒險精神，但是也知道何時該放鬆；外向，但也有慵懶、分享內心感受的時候；性感，但也可以可愛；有好友相伴，但並不害怕偶爾獨處。維持良好的生活型態，讓妳能夠表現、誇耀和沉浸於自己的不同面向，而不同面向的妳加總起來，便成了他夢想的對象。

在培養這種生活型態過程中的分分秒秒，我們都要樂在其中，這是我們能夠送給自己最令人興奮的禮物了。想像自己的生活成了一件鬼斧神工的藝術品。妳為它多添一分色，就彷彿在這件鉅作上又多添了一畫。生活中遇見的每個人、每次的體驗，妳做的每件事和每段對話，都是妳在為自己編排人生劇本，我們能把這套劇本寫得多令人興奮、多引人入勝呢？我們又可以怎麼寫出一個值得讓人一讀再讀的故事呢？

關於愛情，馬修這麼說：

談一段好的戀愛，永遠從自己開始。讓自己成為一個高質感的女人，每一天妳所為生活投注的，在未來都會吸引會一起參與妳生活的男人！

3 好的戀愛要花時間投資

接下來讓我們來談談，到底該怎麼找到對的人。所以妳的問題應該會是：「怎麼找」和「該上哪找」。但妳可能會說：「我連週日打給我媽的時間都沒，還能上哪去認識新的男性朋友？」

幾年前，我開始認真地檢視自己的生活，這才赫然發現，我根本就沒有社交生活可言。這個覺悟可不是自然而然得到的，給妳點提示，這要歸功於我前女友。她告訴我，她之所以和我分手是因為我很無趣：「你就只會工作、工作、工作，不然就是思考跟工作有關的事，或是想著上班以後要做什麼。」無趣！噢！還真傷人哪！

某部分來說，我的工作真的很忙並努力工作，但心底深處我也知道，順理成章地把工作當成最理直氣壯的藉口，這樣就不需要參與生活中的其他事。工作成為免死金牌，以逃避有挑戰性、耗費時間或不順便的事，我成功地讓自己深信不疑，自己絕不可能有空去搞什麼家族聚會、朋友、感情關係那些東西。「沒時間」成了最佳辯護人。

沒有人真的會一天二十四小時都在工作，我們不能一直用忙碌當作藉口。這世界上明明就有比我們更成功、更忙、時間更壓縮的人，然而連他們都能找出時間經營人際關係，我相信妳一定可以想到幾個像這樣的人。不僅如此，也可以這麼想，當我們沒有任何社交生活（包括感情生活）時，會因此變得缺乏關愛和人際接觸，於是讓生活其他領域中獲得的成就蒙上一層陰影。

當我花時間思索人生時間表的當下，整個人瞬間被打醒了。試想，妳活在這世上的總時數，假設，撇除被公車撞死或突遭不測的可能，是七十五年好了，然後請按照以下項目開始扣除：

↓活到現在的年歲

↓睡覺的時間

↓工作的時間

↓處理無法避免的日常雜務的時間

↓沒有能力做自己喜歡的事的晚年

這根本是無敵照妖鏡，因為妳會發現，剩下來能夠用來做真正想做的事的時間，只占了人生總時數很少的一部分。妳真的明白這些時間是多麼少，也因此非常珍貴嗎？

改變生活型態，把感情生活的優先次序往前挪，這麼做或許會讓妳覺得有點可怕，但不妨這麼想：我們為什麼很樂意花大把時間在工作上，但卻對分給感情的時間卻如此苛刻，好像它一點都不重要？我們真的認為感情生活帶來的快樂和滿足比工作少嗎？

想像明天妳就會擁有一段完美的關係：妳的白馬王子站在身邊，他具備所有妳期待另一半擁有的特質，迷人、善良、溫暖、聰明，充滿抱負。他關心妳的需要、能挑起慾望，更不用說，跟他在一起絕不無聊。他的價值觀和妳相同，全心投入並樂於與妳分享自己的生活。如果這段完美的感情真的出現了，妳每週願意投入多少時間經營這段關係？

我想我知道答案：很多時間。

我們會想盡辦法擠出時間來，因為我們知道這個人讓我們快樂。如果我們願意投資很多時間在一段完美的關係上，難道不也應該同樣花時間去尋找這個人嗎？

人們不把認識新的異性朋友擺在最優先的順序，然而一旦他們找到交往對象，這段關係立即一躍成為生活中最優先的一件事，這對我來說實在有點奇怪。我們不會用同樣的態度對待生活中的其他事，我就從沒聽過「等她有錢以後，就會更努力工作」、「等擁有完美身材、膚色以後，就會開始勤跑健身房」這種事。

重點就是，如果妳找到夢中情人後會願意花很多時間和他相處，那麼，在這之前，妳也願意花同等時間去做能幫自己找到他的事，這不才合乎邏輯嗎？

沒有新朋友的社交圈，再好都沒用

當妳努力撥出時間後，該問的問題又變成：妳該怎麼主動創造機會？需要做哪些改變才能認識更多人？該怎麼增加認識的人，再從中找到對的人？

先說，把社交圈成員限縮到僅限男性可是個天大錯誤，因為妳遇到的每個人都有可能介紹對象給妳。妳可能已經對自己的社交生活頗滿意，妳已經有一些很棒的朋友了，嗯，妳不是第一個這麼想的人。在我的研習會上，很多人都會在休息時間來找我：「馬修馬修，我的社交生活不需要改變，我的生活美好，我有最棒的朋友，他們都很關心我，我們也有共通的嗜好。我的問題純粹只是遇不到好男人！」

問題就出在這裡！妳需要的不只是在週六晚上跟你出去小酌幾杯的人，而是可以幫助妳找到愛情的社交生活的人。

妳真的想知道男人都跑哪去了？

對很多人來說，他們每天都過得像電影《今天暫時停止》中比爾・莫瑞飾演的男主角一樣：重複著無趣地例行公事，在同樣的時間、地點，吃一成不變的早餐和千篇一律的午餐；辦公室的同事都是老面孔，下班後回到家收看相同的電視節目，然後上床睡覺，準備好再繼續過另一個重複的明天。如果妳現在的生活模式不脫週六晚坐在沙發上，佐著一杯紅酒看實境秀，那麼，妳大概就不會太關切該如何熟練運用技巧以吸引男性目光了。

如果這是妳的生活，那麼挑戰就不只是怎樣了解男人、該說什麼或採取哪些行動與反應。想認識更多男人，妳得認真去創造一個固定接觸到陌生異性的生活方式。

「認識男人的聖地」並不存在

「我該怎樣才能找到男人？」我實在太常被問這個問題了，女人似乎都深信不疑有個類似納尼亞或夢幻島之類的神祕地方，窩藏了所有條件好的男人，完美先生們都枯坐在那，等著哪個女人某天不小心撞進衣櫥裡找到他們。

沒有這種完美聖地！因為男人到處都是。沒錯，聰明地選擇去哪些場所，最大化自己遇見男人的機率固然重要，但請別忘記，週五晚上在夜店讓妳目不轉睛的那個男人，和妳在日常生活中遇到的男性數量相比，其實只占了很小的比例。所以，別把派對、聚會、夜店等活動當做妳找對象的主場。事實是，妳去的地方，這些異性也會去。他會搭火車、搭手扶梯、去超市買東西、在咖啡店放空、運動、看運動比賽、排隊等著看電影，也會出現在手機店裡。他無所不在。

我現在正坐在咖啡店打這些字，同時間，我就注意到三位頗有魅力的女人走進來買咖啡。遇見新朋友的機率其實遠比我們所以為的還要高。還有另一種可以讓自己更社交化的方法：改變運動習慣。好比說，假設妳習慣到健身房運動，而妳通常會花很多時間機械化地跑跑步機或騎腳踏車；那麼，試試看去報名一堂比較多男生會去上的團體課，比如拳擊有氧或綜合搏擊等。

這個方法來自於「雙倍化時間」的概念，妳不用額外擠出時間，而是把原本例行、獨自進行的活動，轉變為能遇到很多異性而且容易與人交談的活動。這麼一來，妳會發現自己突然間就建立了一個新的例行公事，不但不會占用到另外的時間（因為妳本來就要運動），同時又有機會認識更多男人。

妳也可以藉著開發其他興趣，如去爵士樂酒吧聽現場演出、上關於拍片的課程、加入運動社團等各種方式，擴展社交場域。或者也可以去嘗試一直想做但卻從未真正付諸實行的活動，比如葡萄酒品酒會（或威士忌品酒會這類更多男性會參與的活動）等等。但我並不建議妳去做自己沒興趣的事，潛水證照課向來就充滿男性氣息，但如果妳不會游泳而且討厭海，那就不是妳該去的地方。

假如妳目前沒有什麼特別感興趣的事，這個概念對妳來說又太困難了點，那麼不妨先建立一個新的習慣：每週找兩天和朋友一起去常有男人出沒的地方玩。

對了，比起晚上，妳其實更容易在白天的日常活動裡遇見男生，而且更有效率，壓力也比較小，白天我們通常也比較不會預期有社會交換（Social Exchange）[1]的行為發生。

六個引入新朋友的渠道

擁有活躍的朋友圈讓妳能以等比級數般的速度擴大遇見新的男性友人的機會。一個擁有六個好朋友的女人，不只有人可以一起上酒吧玩，也有伴去泛舟，而這六個人一定也有兄弟、堂表兄弟、叔舅、男性友人、男同事、男鄰居，甚至前男友。

那麼，我們該如何在生活中引入新朋友？

①對各種活動都說「好」

不論派對、烤肉、晚餐、看戲，我們常收到各式各樣的活動邀請，但最後卻常因為太忙、太累或純粹沒興趣而一再拒絕。現在該是時候建立一個新習慣了：當個沒問題小姐吧！

同事提議下班後一起去喝個一杯？沒問題！參加寶寶慶生派對？沒問題！超級盃派對、辣肉醬烹飪大賽？沒問題！大多數的人對隻身一人參加朋友婚禮、慶生派對多少都有些卻步，不過從現在起，如果有任何人邀請妳，請都說好吧！這大概是全天下最老套的自我成長祕訣，但如果妳想獲得不同結果，就得嘗試使用不同的方

1 社會交換理論（Social Exchange Theory）為一九五〇、六〇年代發展出的一種社會學理論，最早由哈佛大學教授喬治・荷曼斯（George Homans）提出，其理論假設為人是理性的，因此在採取任何社會行動前都會先考量利弊得失，並根據評估結果與他人進行互動，如禮尚往來、以牙還牙等。

法。「總是說好」能打開妳的世界，也給妳練習社交肌肉的機會。

② 建立有品質的社交

建立社交圈不代表每晚都得出門風騷，但我們確實需要練習建立「有品質」的社交生活，這和花多少時間沒關係，而和這段時間的品質有關。既然妳已經不嫌麻煩地讓自己美美的出門，那就別浪費一整晚站著滑手機了！

多數人走進酒吧、派對或任何一個社交場所後都會先做什麼事？找到認識的人，成群結隊移動，火速找到一張空著的桌子，或是占據會場角落就此生根，要不然就是靠在牆邊瘋狂地傳訊息。

大部分的人因為緊張，所以總是急匆匆地行動，他們對於身處會場中央和獨自一人感到焦慮。當然，他們也沒辦法帶著自信，什麼都不做，就這麼站著。妳要做的就是慢下來，和房間裡的人稍微眼神接觸一下，對他們微笑，也讓他們有時間注意到妳。別太急著讓自己融入成背景或跑到陰暗處躲起來。

祕訣在此：**一開始妳要多和各類不同的人互動，頻率要高，範圍不用太大，時間也不用很久，在這階段，目標是接觸到越多人越好。**

這些初步的互動要盡量簡單，或許只需微笑問候：「今晚還好嗎？」或者，假設妳是去參加朋友的派對，那也可以詢問對方，「你是怎麼認識史黛芬妮的？」如果妳想去拿杯飲料，也可以稍微往旁邊那位男士靠過去，問他「最好喝的雞尾酒是哪種？」和酒保說些話，就算只是問他今天過得怎樣也可以。盡量讓對話簡單，但設定一個目標：問到對方的名字。聊天結束離開前，別忘了問對方，「再請教一次尊姓大名」，同時確定他也知道妳的名字，最後再用「希望你玩得開心」作結。

③友善、溫暖最容易突破心防

某一次，我在研習會的前一晚抵達紐約。在飯店樓下酒吧喝一杯時，一個男的走下樓梯，朝我走來，伸出手和我握手，還露齒微笑對我說：「嘿，老兄，今天過得如何？」整個過程不超過三十秒，他也完全沒解釋為什麼想找我說話，只丟下「好好享受今晚，我們晚點見！」這句話，就走了。

幾個小時後，我才發現原來這傢伙是酒吧的老闆。一開始我只把他當成一個很外向、溫暖、友善的人，也是因為他渾身散發出一股魅力和自信的氣質。我完全可以想像他毫不費力地跟任何一個人談話的樣子，他完全知道怎麼跟人打交道。

我沒有忘記這次經驗，妳我都可以擁有這種態度。任何一個開門做生意的老闆都會自動自發地和任何人、每個人打招呼，就算他們根本不知對方是何方神聖也無妨，因為，妳知道的，這間店是他開的。但其實這也幾乎不怎麼重要，**重要的是外在呈現出的友善、溫暖**。

只要擁有這種心態，就算剛走進一場讓妳有些不自在的派對，妳都可以在二十分鐘之內讓它變成像是妳主辦的一樣。最棒的是，妳可以很放鬆、自在，不需要一直試著想出好像很聰明、有趣的話。

④ 對人出於真誠的興趣，一定有收穫

社交化，除了是學習來的行為之外，同時也是一種態度。很多人擺出一副「收了錢才辦事」的態度，總想著：「當我遇到最棒的那個人時，我才會讓我的魅力傾巢而出。」如果某場派對、活動裡沒看到什麼性感的男人，她們就會說：「根本沒看到吸引我的人，有魅力也沒地方用啦」，這跟「等我上台以後再來背台詞」有什麼差別？

建立社交網絡不只是為了獲得能跟某個特別有魅力的男人約會的機會，也不是

為了要利用他人，所以妳對人的興趣一定要是出於真誠的。

老實說，我的個性很內向，對我來說，度過夜晚最理想的方式，就是和真正在乎的人，或許是女性友人、家人、朋友等，一起在家看電影。即使如此，我知道外面的世界仍舊存在著許多人，他／她們能引薦我進入充滿生氣的社會網絡，或介紹新朋友和地方給我。也許有的人個性比較內向，但他們還是可能為我們的生活帶來意外收穫，比如一些我們從未有過的想法或觀點。重點是，外面的世界很大，妳的他就在外面這個花花世界，所以要找到他的唯一方法就是擴展妳的世界，就算每次只有一小步也都會有效果。

⑤不是妳的菜，但可以是妳的中間人

某一次，我到位於倫敦市中心的卡納比街（Carnaby Street）指導客戶。事情進展得挺順利，呃，至少我是這麼覺得。我通常都會先跟客戶講解清楚各個步驟，然後讓她們直接實戰練習，親自體驗效果。一位年輕女孩決定試試水溫，也順利地和一個長得不錯的年輕男生聊起天來，我坐在咖啡店的室外區看著對街的兩人，似乎相談甚歡。她不知說了什麼，他笑了出來，我猜想他們應該聊得還蠻開心的；幾乎可以肯定有場約會即將發生。不一會兒，她春風滿面地走回我坐的地方。

「情況如何？」我問她。

「很棒啊！他人不錯，而且滿有趣的。」

「太棒了！」我說，「有要到他的電話嗎？」

「喔，沒有耶，他不是我的菜，聊聊天是不錯，因為他在時尚界工作，我又剛好對流行時尚很有興趣。」

這太誇張了！我是哪裡做錯了嗎？那個男生長得很不錯，又有型，而且感覺起來有個光鮮亮麗、多采多姿的生活。結果她竟然說他不是她的菜，所以沒有跟他要電話？

問題出在哪？姑且不論她喜不喜歡這個男生，重點是，他不知道還認識多少也在這區出沒，很酷、很時尚、很有趣的其他男生呢？為什麼不把這樣的人存在自己的電話簿裡？就算他不是妳的菜，也說不定他認識的人當中會有適合妳的人啊！

當她關上能夠和對方再次聯絡的大門時，她損失的不只是這個人，而是其他可能藉著這個中間人介紹而認識的那一個、兩個、十個或甚至更多的男生。

妳聊天時越放鬆自在、隨興，等到真的開口跟他要電話時，對方就越不會把它看得太認真。擁有中間人絕對是件只賺不賠的事，妳不但有機會和一個顏值不錯的男人練習社交技巧、擴展社交圈，或許還能和未來真命天子的死黨培養出很棒的友誼呢！

⑥ 和有共同興趣的人為友

前面曾提到，妳可以藉著培養興趣來撒大網、認識更多男人；而同樣方法的方法也可用來擴展社交圈。報名烹飪課時，來參加的都會是和妳一樣喜愛烹飪的人；妳會在為期一整天的旅遊攝影研習營上認識什麼樣的人？和妳有同樣興趣的人！

妳的目標是充實自己的人生，不只是在行事曆上填滿各類無意義的活動。對各類只要妳願意給點機會就可能產生一些興趣的活動、邀請來者不拒；加上擴大交友圈和聯絡人清單，這些東西累積起來，便創造出妳自己也熱愛的生活，而且還很有可能讓妳找到一生摯愛。

關係始於交談，而且妳一直都會

重要的不只是去哪裡，在那做什麼也很重要。為自己創造機會是一回事，但最後只是黏在某個定點，手裡抓著飲料，動也不動，只跟和妳一起來的兩個朋友講話，時不時停下來滑手機，這一點幫助也沒有，這個晚上最後也會在完全沒有認識任何人的情況下結束。所以，讓我們來練習一下該如何進行高階社交互動，俗稱為——跟任何人都能聊得來。

妳可能認為自己天生不善交際，但那只是妳以為，並非事實，這是可以改變的。因為妳是人類，所以一定有社交能力，人類這個物種天生就具備這個特質，絕非只有某個人獨有。

社交這件事和性格內或外向一點關係都沒有。學習怎麼和人聊天其實是學習一種技巧，這並不會改變妳的本質。妳不需要改變任何一丁點原本的個性才能找到對的人，與人交際是與生俱來的能力。妳不見得要成為派對上最吵鬧、最瘋狂的那個人，但妳需要準備好打開自己的世界，對其他人展現出真誠的興趣。每段關係都始於交談，所以妳需要開始去聊越多天越好。

開啟談話，應該是為了找到他所做的事情中最重要的一件。這件事實在重要到值得我為此說破嘴。善於開啟對話的人之所以擅長此道，並不是因為他們懂得魔法還是有什麼特別厲害的話題。他們擅長於此是因為經常這麼做，熟就能生巧，同時也會更容易。即使是最簡單的開場白，都能讓妳和人聊起天來，甚至創造出神奇的結果。妳可以請侍者推薦菜單上最好吃的一道菜，或在點酒時和調酒師說上幾句話；不然，也可以和雜貨店排妳後面的女生聊聊，問她購物車裡的有機花生味道如何。

絕大部分時候，閒聊都沒什麼重點，互動的本質其實就是這樣。有時候，妳會和人閒聊個兩分鐘，說說笑，然後就分道揚鑣。這樣也很好，**因為在對話過程感到閒適自在才是重點**。

稱讚別人，讓他們嘴角忍不住上揚，或徵求別人意見、對他們正在看的書表示興趣等等，都是有趣的事。不論對方是什麼人，被注意到的時候總會很開心。

另外，如果妳能輕鬆打開話匣子、與人建立連結，那當妳真的遇見妳為之傾心的對象時，就越不容易舌頭打結，因為社交肌肉已經練得很結實，聊天成為一件自然、容易的事，它早就是妳的例行公事了。

觀光客聊天法，讓妳沒有社交癌

要怎麼讓和人聊天成為一件容易的事呢？我最喜歡用這個方法：想像自己是觀光客。不管妳住哪，想像自己初來乍到。剛到一個陌生的地方，妳的心態是如何？

妳會保持警覺，充滿疑問。好奇心應該會讓妳比平常時更大膽。觀光客常會這麼形容紐約或倫敦：「我跟這裡的人講話時，他們都好友善喔！」但如果妳去問在地人，他們的感受可恰恰相反。

正是觀光客的心態造成這種不同。因為觀光客會好奇地四處閒晃，他們問路、跟本地人搭話、隨便找人詢問和當地相關的資訊，而且聒噪得不得了，因為他們想認識當地人。於是乎，城市裡的每個人感覺起來都好友善，而他們也總能獲得本地人溫暖、友善的回應。觀光客和本地人不同，他們視自己造訪的城市像座可以認識很多新朋友的遊樂場。

不久前，我和弟弟到倫敦一間超市買東西。那是週六清晨，我們穿著睡衣匆忙出門，想買點什麼回家弄早餐吃。兩個美國女生走上前來問我們，「這附近有什麼吃早餐的好地方嗎？我們昨天才到，對這附近完全不熟。」我回答道，「哦，我知道一些不錯的地方。」於是我告訴她們可以去哪。

這一切就是這麼簡單、直白，我們的談話最後就在彼此交換電話號碼中結束。因為她們完全不會對和我們互動感到有壓力，所以才能進展得如此順利。**當妳對人事物抱持好奇心時，就不會對主動出擊、和人聊天感到焦慮**；而且還可以把「互動只有被接受或拒絕這兩種結果」的可笑念頭拋到九霄雲外去。

妳會開始真正過生活，認識新朋友，擴大交友圈，直到某天，妳終於遇上值得好好認識一番的那個他。

關於愛情，馬修這麼說：

大家都想要戀愛技巧上手，才能速戰速決，因此我更想要溝通一個觀念：好的戀愛是需要花時間投資的。
或許妳生活已經被工作塞滿了，如果妳找到夢中情人後會願意花很多時間和他相處，那麼，在這之前，妳也願意花同等時間去做能幫自己找到他的事。重點是，做這些事同時是過好生活，等到遇到那個人時，妳已經創造一個連他都想要參與的生活。

4 妳是選擇者，不是競爭者

對於男人和他們在想些什麼，女人一直都在著許多甚囂塵上的錯誤見解，而其中最大一個就是：「如果他真的對我有意思，就一定會主動接近我，跟我說話。」哈，最好是！讓我來打破這個迷思：這個想法完全錯誤。

我大概當過超過一萬個男人的約會教練，要說我從中學到什麼，那就是：**他會不會主動找妳聊天，和他喜不喜歡妳絕對．完全．沒有關係。**很可能他就站在妳旁邊，心中覺得妳真是女神、夢中情人，但卻毫無動作。

事實上，一個男生越被妳吸引，就越不會主動接近妳。為什麼？因為對他來說，要和一個讓他心癢難耐的女生講話難如登天，和不喜歡的女生聊天容易得多了。

所以真相是，絕大多數的男人都不會主動接近吸引他的女人，管他是凱文克萊內褲模特兒，或街上隨處可見、相貌普普的男人。我認識很多長得好看又有魅力的男生，聰明、事業有成，或個性溫暖、有趣，但除非他們喝茫了、這個女生剛好是他朋友的朋友，他們都不曾主動接近過女生。

當然，也是有會主動接近女人的男人，但他們通常也不會只對一個女人出手。對他們來說，搭訕就是那一千零一招。

我旗下是沒有全國性的民調單位，但我敢說，這種「嘿，可以讓我請妳喝杯飲料嗎」的男人，頂多只占了百分之一。如果在派對上，某個男的逼近妳，還用這種浮誇的方式說話，妳大概也只想躲他躲得遠遠的。即使某個傢伙突然相信，主動和女人搭話是他的社會責任，是在表現自己的騎士精神，也還是改變不了男人並不太擅長這事的事實。除非有人幫幫他們，不然的話，他們的技巧絕對比妳更生疏。

下面這個場景妳可能會覺得有些熟悉，妳去參加某朋友的生日派對，於是，現在妳來到這場派對，手裡抓著一杯飲料，那個拖妳來參加的朋友則四處晃來晃去。

妳瞄到另一頭有個滿可愛的男生，妳覺得他也在打量妳。如果他可以走過來聊個天會有多好啊！他的目光掠過妳，臉上露出一抹微笑。妳發現，他笑起來更可愛了。妳也回敬他一個微笑，他怎麼不快點過來啊？好吧！沒關係，可能晚點會有人介紹你們認識，接下來整晚的時間，妳和屋子裡本來就認識的那一小撮人繼續聊天。他又對你笑了，拿著飲料開始移動，朝妳露出一個意味深長的表情後，就加入了他的朋友。

可能妳也感受到一股熟悉的挫折感了。他為什麼不過來跟我打聲招呼？

為何男人也害怕主動？

請妳試著想像一下他們的感受。假設他在另一頭時就看見妳了，他喜歡自己看到的。他現在需要作個決定：「是否該穿過整間屋子去找妳，主動和妳聊天呢？」妳直覺有任何不這麼做的理由嗎？他在擔心什麼？就讓我為妳揭曉：

①他怕在朋友面前出醜

對男人來說，在朋友面前像笨蛋一樣出醜的意義，遠超過女人所能想像。如果他走過來找妳，最後卻慘遭拒絕，或被賞以一對死魚眼呢？他也可能以為妳男友很快就會拿著馬丁尼從吧檯走回來了。這樣的話，他朋友肯定會大肆嘲笑、挖苦他一番，自尊心會大大受損，這種恐懼出於本能，它牢牢成為男性心理的一部分，就算給他再多「你快過來」的訊號，他還是有可能錯誤解讀。

和異性交手的失敗經驗，對男性自尊來說可是一大打擊，損害程度絕非女人所能想像。因為害怕被羞辱，所以他們寧可去創造異想天開、夢幻不真實的搭訕花招。這也是為什麼男人總愛和朋友吹噓自己的床上功夫，即使他明明從沒有過性經驗。這也是為什麼年輕男性總愛彼此吹噓、比較自己跟幾個女生睡過、他要到哪個火辣的模特兒的電話號碼，或他上週跟多少人約會等等。

這種渴望獲得性認可的需求，正好可解釋為何男人總愛擺出雄赳赳氣昂昂姿態，以及喜歡當老大的各種行徑，因為它們在很大程度上定義了所謂的男子氣概。妳有注意過男人發展友誼的方式，常是以互損、讓對方看起來很笨等為主軸？即使現今，男性情誼也還是建立在地位的爭奪上。

不僅如此，男性爭取社會地位最激烈的對象，往往是他的同儕。他最在意的評論，不是來自於酒吧裡其他無關緊要的人，而是來自他的朋友。在自己的群體中，他反而更需要為主導性而戰，這也是為什麼在大庭廣眾下被羞辱，特別是被女性羞辱，會造成男人這麼大的傷痛。

②他也怕妳和妳的朋友會說什麼

被妳拒絕的風險，還有在想像中隨之而來，妳朋友的訕笑，對他來說簡直如刀割，光想就痛，所以他寧可按兵不動，還一廂情願地認為，如果他想要，早就可以輕易地接近妳，這麼想比冒著被拒絕的可能好上太多。

我們再回來談談一般的男生。讓他迷得神魂顛倒的女人，正好也是最讓他害怕的一款。他害怕配不上她，認為她想選哪個男人都可以。因為如果他採取了行動卻慘遭拒絕，那就得準備好承受被拒絕的痛楚。

從這個角度來看，男人和女人其實沒什麼不同。妳在一個很性感的男人旁邊，大概和男人站在他有興趣的女人旁一樣緊張。想想看，在一個妳不感興趣的男人面前展現風情、性感，是不是簡單多了？對男人來說，道理也一樣。

如何讓人看不出妳主動出擊？

我的女性友人珍妮可真受夠這一切了。有次我和她約在咖啡店，但她沒啥閒聊的心情：「那些主動接近我的男人全是白痴，我對他們一點興趣都沒；可是那些我主動接近的男人理都不想理我。根本不可能找到任何對象，無望了啦！」

「該怎麼辦？」我問道，「妳覺得世界上真的有任何一個符合妳標準的男人嗎？」

「一定有吧，我只是不知道該怎樣才能遇到他。」

珍妮卡關了，因為她對該如何認識男人有著既定想法：「我不想讓自己看起來很絕望，男生才該採取主動吧！我才不想像個到處追捕男人的掠食者，一點女人味都沒有。」珍妮的擔憂合情合理。畢竟，沒有哪個女人想要看起來走投無路，或覺得都是自己主動；也沒有哪個女人想成為一隻撲擊獵物的母獅，「捕獲」她的白馬王子。

現今世代中，所有妳聽過的約會建言都還是認為，女人就該當被追的人，就是靜靜等著男人靠近，因為不管她做什麼，都只會讓自己看起來既絕望又饑渴。我們現在要來破解這個「假會」的說法。前面已經提過「等待是一種陷阱」，現在是時候談談主動出擊，還有該怎麼做既能達到效果，又無損妳身為高質感女性的形象。

假如有個辦法，讓妳既可以主動採取第一步，又不至傷害那些妳努力積累至今的迷人特質？妳可以掌握主控權，篩選出特定的人，讓他們主動接近妳？是的，妳沒聽錯，這樣的話，妳就可以兼得魚與熊掌了。下面就讓我來告訴妳消除對主動出擊恐懼的兩種方法。

① 改變動機

如果我們對結果期待很深，那麼這個動機反而會讓我們摔得更重。別帶著「可能就是他了」的這種心態去接觸異性，而是換成「現在不去，或許之後都沒有機會再遇見他、和他說話」的想法和態度。如果妳只想在當下和他有些互動，然後就此一別，那妳實在沒什麼好損失的。這就和跑馬拉松一樣，妳的目標只是到達下一個中繼站，而別想著一定要抵達終點，只要妳通過一個又一個中繼點，最後自然就會抵達終點。

事實就是，妳可以主動接觸異性的機會比想像中還多。如果一次不成，妳還是可以繼續試試其他人。別忘了前面提到豐富對缺乏的理論。有句話是這麼說的：男人就像公車，錯過一班，幾分鐘後總還是會來下一班。妳越快擁抱這個事實，就能越快遇到命中注定、獨一無二的那一位。

② 別太看重結果

當我們擔心別人的回應時，通常就代表著我們過度重視他人看法。為什麼這麼在意別人怎麼看？因為我們太在乎結果了。

被拒絕並不是人生最糟糕的經驗，身為人，我們具備令人驚異的恢復力。從失敗中恢復過來後，我們會變得更加自信。堂堂正正面對拒絕，總好過太晚才發現，原來自己因為太在意別人的想法，而從未跨出腳步追求自己想要的事物。記住，被拒絕的痛再糟也不比悔恨的痛苦。

從這個觀點來看，既然妳對那個頗吸引妳的男人一無所知，那又何需為了和他聊天而緊張兮兮呢？對現在的妳來說，他只不過是個帶著微笑，頭髮尚豐，穿著能襯托出藍色眼珠的男人，就這樣，沒有更多了。妳壓根還不認識他，何必那麼在意他對妳有什麼看法？試著這麼想，他得先贏得對妳發表意見的權利，而這正是為什麼妳要去跟他聊聊，其他那些，都不過是廢話連篇。

妳絕不可能是每個人的菜

就算調整好目的、不在意結果、採取了選擇者的心態、穿上幸運鞋，最後可能還是會聊得不如預期。就算這樣也沒關係，有時候妳有興趣的男生對妳不理不睬，或對別人有意思，妳哪知道呢？這都不是重點，**重點是妳試過了，這就算是成功的出擊**。

遭受拒絕都是難以避免的一件事，但妳總會遇到彼此很難有共鳴的人。找工作時，我們發出二十封履歷，預期其中至少有一半會石沉大海，因為該職缺並不適合我們，然而，這些拒絕卻無損我們的人格。主動接觸那些看起來有趣的男人時，這個道理也適用，有些人會回應妳，另一些則無動於衷。就如同我一個醫生朋友所說：「對個人來說，機率從不重要。」假設妳有千分之一的機會罹患某種病，但如果妳不是千中選一中標的那位，這些數字對妳來說形同不存在。同樣地，對我們來說，多少人離婚、單身男女比例為何、被拒絕幾次都不重要；妳只需要有這麼「一次」找到那個人，而只要妳找到他，所有數據就跟妳一點關係都沒有了。

機率比妳想的好太多

許多女人擔心外頭有太多競爭者，如果妳也陷入這個陷阱，我想再次提醒妳：她們之中的絕大多數根本沒有試著做任何能幫助自己找到另一半的事，所以她們才不是妳的競爭對手！這些女生要麼就窩在家裡上臉書，不然就是忙著和朋友抱怨外頭根本沒有好男人。

在我的週末研習會上，我會要求女性學員在週六晚上出門去玩，實際演練她們在早上課堂中所學。其中一個客戶告訴我，她們附近有一桌坐了幾個很漂亮的女生，但整晚完全沒有任何人去找她們說話，相較之下，同一個晚上，我客戶和在場幾乎每個男人都打到了照面。

這門功課是在我人生第一場校園舞會中學到的。這類舞會上總是男生站一邊，女生站另一邊，但我注意到，有個男生吸引了全場目光，原因很簡單，因為他是唯一一個穿過整個會場走到另一頭的人。我還記得那天在回家的路上這麼想著，真不敢相信我錯過了什麼，只要沒有任何動作，不管人數再多，就是不存在的競爭者！

如何克服對天菜的恐懼？

接近對妳來說很有吸引力或讓妳小鹿亂撞的男人，自然會讓妳有些緊張，這很正常，但如果緊張到連話都說不出來，妳就得問問自己這兩個問題了：妳是否過度高估對方，更重要的，妳是否低估了自己的價值？

再提醒自己一下妳對交往對象的那些高標準；想想妳理想中對象應該具備什麼特質的那張清單：溫柔、寬厚、有冒險精神、有雄心壯志、關心妳、樂觀、聰明、有禮、對妳的朋友親切、有趣、熱愛嘗試新事物、外型吸引妳，還有其他一百項等等。這份清單應該可以提醒妳格外注意細節，也就是說，不是隨便哪個男人就可以充數。事實上，絕大多數的男人都不符合標準。

那張好看的臉除了能讓妳在第一時間臉紅，想著「喔，對了，就是他」之外，別無任何功用。好看的外表只是妳萬千條件其一罷了，總分二十分，他目前只得到一分，而且很可能最後就只有這一分。和他聊聊，妳才能知道他是否具備清單中的其他特質。這麼做不是要妳心高氣傲、成天為人打分數，而是要妳先退一大步，把對容貌的標準放在最適當的位置上。就如同我那個已經完全克服和帥哥說話恐懼症的女性友人，總喜歡在開始感到緊張時這麼提醒自己：「泰德．邦迪[2]還不是也長得很好看，誰知道他竟然是連環殺人魔！」

當看到某個有我們喜歡長相的人，很容易讓我們隨即興起一股受吸引的感覺，並且把我們希望他擁有的所有美好特質立刻投射到他身上，即使這麼做一點都不合理。但妳就是想跟他說話，其餘免談。

當妳對主動去找對方聊天感到畏懼時，提醒自己，這個人在證明符合妳的標準以前，還有一段很長的路要走呢！妳會想和他說話，只是單純因為好奇而已，並不是因為妳想要他。妳是在給他讓妳眼睛為之一亮的機會，讓他證明自己的性格和他

---

2 泰德·邦迪（Ted Bundy）是一九七〇年代美國知名的連環殺手，善於言詞，長相俊俏，被害者多為女大學生。據官方公布，受害者總數為十九名，但一般相信真正的數目應有四十人左右。

散發出的魅力一樣出色。

試著轉念這麼想，妳就是開始練習讓自己成為選擇者的心態。

我曾經為了美國國家廣播公司（NBC）的實境節目《遇上愛》一路飛到洛杉磯試鏡。電視台的人倒是把話說得很清楚，我能否出現在節目上，全取決於我在攝影機前的表現。我緊張得要命，搭機當天，我朋友電影導演強・托特陶（Jon Turteltaub）剛好寄給我一封電子郵件。他在信裡給了我超棒的智慧之言：

把這次試鏡當成主動接近女生就好了。如果把焦點擺在你很亟需從她身上得到什麼，那你就會表現得很沒安全感、怪里怪氣的。但如果把注意力放在自己身上，相信自己炙手可熱，因為你很有魅力、聰明、有趣、博學多聞，那就會讓你看起來既自信又充滿魅力。

和其他男生爭來奪去，從不能幫人找到夢中情人。只要成為最好的自己，如果你和對方之間的化學作用對了，而且她又夠聰明、識貨，就一定會選你的。就是這麼簡單。

喔，對了，還有一件事……記得擦止汗劑，然後穿上幸運鞋。

我聽了他的建議，最後順利得到這份工作。而且從那之後，我一定都會記得搽上止汗劑。

關於愛情，
馬修這麼說：

不管男女對「主動出擊」都會卡關，因為通常事關結果和面子。女性更是被期待，等著男人來追才是有價值的，否則就是倒貼。萬一偏偏有些好男人就是比較內向呢？或者剛好那個讓妳小鹿亂撞的男生就近在眼前呢？
改變妳的動機和期待，把「可能就是他」改為「現在不去，或許之後都沒有機會再遇見他、和他說話」，更要記得，讓妳小鹿亂撞的外表以外，他還沒證明他的內在與能力是否跟外表一樣出色。

5 搶手女人都懂得這些事

我生長於英格蘭艾塞克斯郡（Essex），我爸開了一間夜店，而夜店裡一定會有一個ＤＪ。大概是十一歲時，我突然冒出「長大後也想當ＤＪ」的念頭。於是，我去買了一對唱盤，兩、三片黑膠唱片，然後開始在房間裡練習。

某天，我在書架上巡來巡去，找到《卡內基溝通與人際關係——如何贏取友誼與影響他人》這本書。我還記得那時想著，如果一個人需要贏取友誼，那他人生還真悲慘啊！不管怎樣，我還是拿起這本書，但卻在翻閱十頁之後，整個人都被吸引住了。

書上說，不論一個人長相、教育程度、出身如何，都可以學習一些特定行為，書裡還提供一套公式和一組工具，幫助讀者和他人建立更深刻的連結。這個想法真讓我佩服得五體投地。我覺得好像獲得什麼神力，也開始把書上提到的一些原則運用到想成為ＤＪ的這個目標上。

我知道那些人生勝利組並不見得都很有天分，但是他們認識、並且知道該怎麼讓自己身處在對的人周圍。我認識很多非常厲害、卓越的ＤＪ，但他們都只能無償為公共廣播電台工作；然而，我也知道有些很平庸的ＤＪ，一個晚上卻能賺到一千英鎊，只因為他們和夜店老闆私交甚篤。我發現，如果我在接下來的十年裡不停在房間裡練習技巧，卻不懂得怎麼和人交談，如何「贏取」友誼，那麼很可能最後我根本混不出什麼名堂。於是，我在學校開始逢人就說自己是ＤＪ，我可不是說「我想成為ＤＪ」或「我正在練習當ＤＪ」，而是「我就是ＤＪ」。出乎我的意料，同學們都欣然接受這個說法，這消息一傳十，十傳百，某一天，一個高年級的同學突然來找我，請我當他派對的ＤＪ。

樂意之至！雖然我才十二歲，也不知道該怎麼把器材運到現場，但這可是千載難逢的良機，所以我一毛錢也沒收。當了四場派對的ＤＪ後，有人開出一場五十英鎊的價碼，要我當一場派對的ＤＪ，這價碼成了我日後的基本收費。後來，我的基本收費從一百英鎊、三百英鎊，到越來越高。不只這樣，我的口碑遍傳整個艾塞克斯郡，甚至於後來只要有人想辦一場有ＤＪ的派對，就會上門來找我。

「那還真不錯，但這和我有什麼關係？」看到這裡，妳可能會這麼想。

在本書前幾章，我列出如果女性想要有優質人生，她能肯定自我價值、充滿自信、獨立、熱愛生活，男人會迫不及待想成為她生活的一部分。她有原則，而且忠於原則，也不害怕展現自己的女人味。

這一些特質當然很好，但就和我在房間裡苦練ＤＪ技巧沒什麼太大不同，在別人真正視我為ＤＪ以前，沒有任何事會發生。同樣地，不能只有妳認為自己優質，妳所遇到的男人都必須知道妳很特別。當他發現妳不是隨便哪個女人，而是一個有價值的對象，妳在他眼中就成為值得一追的女人。

性感是妳的武器，但那到底是什麼？

性吸引力是非常可以界定一段關係的一件事，所以，在關係初期就表露性感非常重要。性感不代表對每個和妳對上眼的男人投懷送抱，而且，太早就開始賣弄性感的女人，常會讓男人起疑，甚至覺得倍受威脅。

一個搶手的女人不會掩飾對自己性感的外貌，而且也能（或許也應該）以一種低調不狂放的方式自然展露性感。從姿態、動作、時不時拋出充滿魅惑的眼神，帶著自信開玩笑般地輕碰對方，妳就是從這些舉動中流瀉出自己的性感。

同時，這也表示妳能夠自在地處在充滿性張力的氛圍中，一個容易對此不自在的女性，面對男人試圖表現慾望時，通常就會立刻轉移焦點，轉變話題。有時候，當話題碰觸到比較私密的領域時，她會斷然結束話題，以逃避這種緊張感。如果妳不想和他更進一步的話，這麼做自然沒什麼問題；但若妳想更進一步，這麼做無疑是在熱火上潑了一盆冷水。

絕對別小看接納和展露性感可以帶出來的能力。許多男人好不容易獲得和人人口中的夢幻對象約會的機會，最後卻只失望地發現對方冷若風霜又高不可攀。對其他人來說，她可能真的長得很好看，但只要她無法展露性感天性，就永遠不可能撩起男性對她的強烈肉體慾望。

所有男人都有過這種經驗：遇上了某個很漂亮的女生，但講沒幾句話後就發現，對方竟然只空有美麗外殼。她可能還算是友善，純粹聊天還不錯，但就是沒什麼曖昧火花。挑逗的行為，能讓妳開始出現在男人的雷達上；如果約會少了這些眉來眼去，那充其量不過是兩個人在聊天而已。當約會中出現性的能量，那對方應該沒辦法停止想親吻妳的念頭。

① 輕鬆應對

這些年來，女性幾乎已經快統治世界了。在講座上，我會遇到執行長、小型企業經營者、律師、醫師、各類顧問。她們都相信自己在某個程度上都高優質女性，她們早已習慣給別人顏色瞧瞧、予取予求。她們已經習慣握有掌控權。

當我提到諸如確定感之類的特質，她們在台下點頭如搗蒜，她們向來就沒有舉棋不定的問題。她們可能帶領一個規模龐大的團隊，下屬都得靠她撐起團隊。她們得表現出強勢的姿態才能爭取到某個重要客戶、談妥某筆生意，或讓自己躋身於領先集團。她們很習慣和不認識的人建立關係、開會、展現魅力和進行生意往來。

每當我談到該如何在談話中散發魅力時，就會有人露出不耐煩的神情，她們說：「這些事我每天都在做，我知道怎麼和人接觸，也知道怎麼在談話中表現魅力。跟人打交道、自信，這些對我來說都不難。我帶領一個全是男性成員的業務團隊，成為社交場合中的領導者根本不是問題。你應該講夠這些什麼自信的東西了吧，直接給我吸引力公式讓我照著做就好。我完全沒有自信心的問題啦！」

不過，問題就出在，自信這玩意兒是沒辦法自由轉換到生活中所有領域的。或許在某個領域裡，我們能有把握、有自信，但這不代表其他方面也能順理成章地擁有同樣特質。

每次課程結束後的週末夜晚，我都會給學員們機會實際去運用、練習這些新學到的知識。最近一次的活動中，我就建議其中一位學員，就是那位形容自己「自信心破表」的戴安娜，去找一位站在吧檯旁喝酒的男士聊天。

戴安娜臉色一變，「我不知道，他只是站在那，我不好直接走過去找他吧！」

「假如這是工作上的社交場合，妳有辦法過去跟他接觸嗎？」

「那當然啦！我只是不習慣用這種方式跟人接觸。如果是生意場合，這麼做就完全沒問題了。」

突然間，當不再只是工作需要的交談時，「主動找陌生男子攀談」的想法就開始讓她心生恐懼。因為動機改變了，她不再只是在公事上拓展人脈，而是試著在個人層面上去認識一個陌生人，這她可就完全不擅長。她無法利用交換名片的名義獲得對方的電話號碼，於是她的自信全都放水流。這並不代表戴安娜是一個沒自信的人，只能說她對這種狀況沒有自信。

當然，她大可以直接轉到生意模式，問他做什麼工作，聊聊自己的工作，這是她最自在的對話模式，難道這不比像隻突然被車燈照到的驚惶小鹿來得更好嗎？

絕對不會。

因為，戴安娜的目標是讓對方感興趣和受吸引，這就需要她展現出性格中的另一個面向，活潑、充滿玩心的一面。

玩心是傳達妳的魅力的必要元素。自信心、確定感是互動的基礎，但女人如果可以放下專業的一面，好好玩樂，對創造出對話中的火花更有幫助。一個熟稔於和男性打交道的職業女性，早已養成公事公辦的完美樣貌，她知道自己可以和一個男人聊上數個小時，也不會有任何化學反應或吸引力，對在商業場合打滾的她來說，展現玩心很管用。

不能或不願意挖掘自己充滿玩心的一面，也不全然是女人的專利，男人也一樣，很愛擺出一種我喜歡稱之為「007模式」的樣子，這其實也是源自同樣的問題。當男人進入全套007人格設定時，他們會擺出一張緊繃、嚴肅的臉，靠在吧檯旁，邊啜著馬丁尼，邊盡力讓自己看起來冷酷無情、深不可測。只不過現實中，他只讓自己看起來很陰沉、難以親近。

所謂的玩心，就是讓自己，以及在和別人互動時都更輕鬆一些。在和男人談話時加入一些有趣的暗示，就能創造出化學反應。開開玩笑、捉弄對方、說些笑話、露出呆萌的樣子，都能讓我們更有吸引力和魅力。

② 隨興所至

和大家所以為的恰恰相反，所謂的隨興所至並不是要妳表現得像個過著瘋狂、不平常生活的怪異女孩，會不加思索立刻行動，隨便跳上一班前往某個小島的飛機

（雖然，邊寫邊覺得這其實也沒那麼糟嘛）。

就目的來說，**隨興所至意思就是享受當下**，也就是說，暫時讓腦袋放假去，把那些精心制定的計畫放一邊，讓整段對話自由發展。

一段好的對話從不按照邏輯進展，試著想想妳和閨蜜通常都怎麼聊天的。妳們大概很少會純粹、制式地交換各種資訊，或照本宣科從頭到尾回述上禮拜做了什麼事；不，大部分時間，妳們就是東聊西聊，可能前一秒妳還在講今天發生什麼事，下一秒鐘就又變成，「喔！天啊，我一定要跟妳講今天遇到的那個男生」，然後，話題又不知不覺變成妳們最近看的那部電影，談論關於家庭，接著又對朋友新買的鞋子品頭論足等等。這是因為妳和交談對象能很自在地相處。而這種「不預設話題、隨興之至」的本質，正好就是和朋友聊天如此有趣和吸引人的原因。

想像一下，如果妳可以在任何一個社交場合重現這種你來我往的談話體驗，免去那些彼此認識的無聊戲碼，和一個陌生人在十分鐘內就自在地相處？

當妳變得隨興之所至，它就能夠成真。我們試著認識剛才見到的人，然而諷刺的是，我們往往會問一堆無法真正認識這個人的問題。花十分鐘聊聊他喜歡的電影，都比聊那些面試時會聊到的各類資訊，諸如在哪工作，職務內容為何等等，更能幫妳找出是否和對方來電。

妳可以回想一下小孩子是怎麼聊天的，他們想到什麼就說什麼，可能本來還坐著畫一間房子，一下就又突然轉身問妳「喜歡星際大戰嗎」或「想當哪個超級英雄」這類問題。她才不管這些話題相不相關呢，反正她想到什麼就問什麼。

在開始聊天的第一分鐘，問對方「如果你明天可以立刻閃電辭職去做任何一件事，你會想做什麼」，都比花一整個小時談論彼此的工作更可能讓這段對話令人興奮。這麼做的美好之處在於，因為它本身就是一個充滿玩心、隨興的問題，多數的男生會因為這樣放下防衛，也比較可能坦率地回應妳。

如果他回答：「我想我應該會去巴黎，在艾菲爾鐵塔上吃午餐」，那妳也可以立刻用輕鬆、促狹的態度回應：「我應該會去夏威夷的海灘。你比較是都市型還是戶外型的人？」

這種聊天的內容，不僅比問他當某間阿里不達公司某張三李四總裁助理的工作內容來得更有趣，同時也更能讓你們表現個人特質。根據妳的回答，他能立刻知道妳熱愛冒險、喜歡玩樂，同時在互動的頭幾分鐘，就能讓他看到妳充滿玩心的那一面。而且，這也能讓他跳脫出平時那種虛應故事般的既定模式，進而向妳透露一些他通常不會跟別人說的事。因為出其不意，所以這些隨興的談話能讓對方察覺妳有著不同面貌，他要真的了解妳還早呢！妳還有很多不為人知的一面，只要他們在妳身邊再多待一會兒，就有機會能看到不一樣的妳，而這最能撩起男人的好奇心了。只要對方認為待在妳身邊的時間越長，事情就越有趣，那妳就成功了。

這樣做，會讓他對妳無法自拔

一個女人可能具備男人渴望的所有條件，但卻無法被對方視為交往對象，這是因為她從未展現出性感的一面。或者，也有可能她看起來性感、聰明非常，但既無玩心又無聊，所以對方也無法想像兩人輕鬆相處、亂開玩笑的樣子。

男人之所以被某個女人迷得暈頭轉向，不只是因為她很性感，不只是因為她好玩，不只是因為她有自信、不只是因為她正直不阿，而是因為她擁有結合各種特質的獨特個性：溫暖、正直，男方家人也喜歡她；她可以是在臥房裡扯開他衣服的性感女神；也可以和他的朋友玩在一塊。她爭辯起政治議題時辯才無礙，然而也不介意用電影和披薩渡過慵懶的週日；她獨立自主，在外面呼風喚雨，但當和她的男人獨處時，卻充滿女人味和濃情蜜意。

這樣的女人會讓男人的腦袋和心裡的警鈴大作，他會想著：「這個女人太棒了，我一定得留住她！」他待在妳身邊越久，就越明白妳和其他人不同，他無法在別的女人身上找到和妳一樣的東西。於是，在他心裡，妳變得無可取代。

這也能解釋為什麼男生一開始好像對妳興趣缺缺，但隨著相處的時間越久，就越對妳戀戀不捨。有時候我們也會看見，那些不只想，而且嘴上老說著要一輩子約會、流連花叢、好好享受單身生活的男人，突然遇到某個具備這些獨特特質的女生，然後，砰！他再也不想跟其他人約會了。

我知道，聽起來男人好像很貪心對不對？什麼都想要。他們的確是。

但妳不也是嗎？

妳喜歡非同一般的紳士，感性但又帶著一絲冒險精神的男人；他知性，但床上功夫也啵兒棒。這個充滿魅力、受人歡迎的男人，同時又具備了文藝氣息和深刻的價值。當一個人具備綜合各種特質的獨特個性時，他在妳眼中便顯得格外特別，會讓我們想留住他不放。

關於愛情，馬修這麼說：

搶手女人聽起來簡直就是十項全能才行、但這並非我的本意，妳一定具備其中不少特質了，有一些則是妳只要稍加練習就能擁有。要能在這些面貌中轉換，其實最需要的就是妳對生活的自在與隨興，別太ㄍㄧㄥ！

6 為何他遲遲沒有動作？

在英國維多利亞時期，女人明目張膽倒追心儀的男士是不被允許的。當時女性的價值和讓她看起來值得追求的標準，只在於有多少男士追求她而定。萬一她主動倒追男人，反而會減低她在對方、自己家人和其他人眼中的價值。

儘管如此，在種種嚴格禮教的束縛之下的女人，仍舊能找到方法主動接近她們中意的男士。假如她出門散步時看到某個想進一步認識的男士，那麼她就會在經過對方身邊時故意弄掉手帕，若無其事地繼續往前走；而這位多禮的英雄，注意到這條掉落的手帕，就會將它拾起，追上這位女士把手巾還給她，以顯示出自己多麼具有騎士精神又是多麼善良和體貼的紳士。如此一來，他也有主動和她說話的機會了，或許開頭會是這樣：「女士，您是否掉了這條手巾？」

這位多禮的英雄相信，是在命運和愛神的共謀之下，這個完美女性的白手帕才會這樣不偏不倚地掉在路上。當然，只有自導自演出這一整齣邂逅的她才知道事實。

因為這一切的開始都是她先選擇了他，她主動使用了微妙、簡潔而高雅的手法率先出擊。這是偽裝得很好的攻勢，要不是她先丟下手巾，後面這些事根本不會發生。

雖然現在的女性並不再隨身攜帶白手帕，但我們沒理由丟棄這個可以讓男人主動上前攀談的方法，事實上，這還真是神來一筆的天才手法。眾所周知，大部分的男人不會自己走過來打招呼，但這不代表他們不想要一個可以走過來的藉口。說穿了，這就是白手套策略最根本的用意，它是一個訊號，告訴男生：「你被選中了，來跟我說話吧，別擔心，我不會拒絕你！」

現代版白手帕攻略法

我重新編排了一套因應二十一世紀的新版本白手帕攻略法，能為妳提供解決難題的妙方，讓她們可以主動和中意的男性互動，卻不至於看起來像是在倒追對方。同時，它也能讓男性們覺得是自己大膽地利用了天賜良機。

①眼神

很多人都太高估自己利用眼神的能力。我就曾看過許多參加週末研習會的女人，花上一整晚坐在酒吧裡，朝角落那個男生放送那道一閃而過的目光，接著立刻轉向朋友說：「好了，這樣他就知道我看到他了。如果他還不趕快走過來，那一定是對我沒興趣。」

同時間，那個男生卻根本毫無所覺。除了投出短到連閃電俠都會錯過的千分之一秒目光的那個女生自己，其他人都知道對方根本不可能接收到任何訊息，自然更不可能察覺她的滿腔情意。

我的經驗是，妳認為很明顯的訊號，卻可能被男人解讀成妳正在搜尋酒保或廁所的位置，妳只是大略地看往他的方向，並不算是投注「目光」。

男人不怎麼擅長解讀身體語言暗示，也就是說，對於我們男人來說，妳得比自己以為的再表達得更用力一點；我們真的就如妳所想，完全搞不清楚狀況。

女人通常都太看得起男人的自信程度，他又不是007（不管他再怎麼努力撐出龐德的樣子）。大部分的男生都沒有自信到能靠這匆匆一瞥就上前來搭話，畢竟對他來說，妳那一眼是在看他而不是侍者的機率實在不頂高。

要抓住男生的注意力或許需要妳多看個兩眼。盯著他約半秒鐘，轉頭時，快速地眼神接觸，讓他注意到妳，再把頭轉回來到妳朋友身上（或妳手上的書、手機、琴湯尼調酒）。這個眼神接觸除了傳達妳已經注意到他之外，沒有其他目的。畢竟他可能以為妳是在找男朋友呢！

第二眼的目的，則是要傳達一個簡單的訊息：「沒錯，我看見你了，而且我對你有些好奇。」為了傳達這個訊息，第二眼需要更有個性一些，但又別過於狂野或流露太多訊息。只需要一抹淺淺的微笑，或者回過頭來拋出壞壞眼神，只要把頭稍轉往他的方向，可別整個身體都轉過去。

根據威斯康辛大學針對社交線索（Social Cues）[3]在人際互動中扮演角色的研究顯示，比起單純地眼神接觸，加上微笑會讓男性想要主動接近女性的意願增加七〇％。

我們很少對人微笑，就算對方是我們想認識的人也不例外。我明白妳可能很害羞，但請記住，即使是對每天的例行公事做點小改變，都能帶來很大的成效。

有一位叫茱莉亞的女生曾來參加我的週末場研習會，一直以來，她都對眼神接觸有著很大的恐懼，很擔心會讓人誤會，擔心就算只是朝對方那看過去，也都顯得太有攻擊性。她不相信男生之所以沒有主動接近她，是因為自己沒有和對方眼神接觸的關係。她相信一定是因為自己有某個更重大、無法被解決的問題，比如說男生察覺到她性格中不迷人的地方，或她注定就不是會被男生從萬中選一的那個人。她從沒真的主動認識過什麼人，約會經驗也少得可憐，對自己的感情生活相當沮喪，終於有一天，她決定自己應該做點什麼，反正再糟不過就如此了。她下定決心，要盡己所能讓自己變得更容易親近。

某天，她坐在健身房附設的咖啡吧用筆電處理一些公事。她眼角餘光瞄到一個挺可愛的健身教練，其實之前好幾次在跑跑步機的時候就注意到他了。不過，他們兩人唯一的接觸，就是他曾有幾次替她把門擋著。但那一天，事情有了不一樣的發展。那一天，她決定要讓自己成為好親近的茱莉亞。

她找了一個女教練過來，心想，如果兩人可以談笑風生，就會讓自己看起來比較容易親近。兩人一邊聊天時，茱莉亞一邊偷瞄那個男生。雖然他沒有走過來，但似乎成功抓到他的注意力了，當他在櫃檯點東西時，一直朝茱莉亞看過來。

女教練離開了，剩茱莉亞一個人坐在桌子旁，她假裝在用筆電，筆電還真是女

3 社交線索指人們用來判斷對話、互動氣氛的線索，可以是語言或非語言性，包括臉部表情、語調、肢體語言、姿勢、身體距離等，皆屬此範疇。

人裝忙時的最好道具！她從眼角餘光瞄到他，於是她抬起頭，很快和他對上眼，卻突然又慌張了起來。隨即她將目光移開，盡可能地擺出迷人的樣子。她想著，拜託，我得再多做點什麼，就算多一點也行；她可以感到良機正悄悄流失，明明他就露出有興趣的樣子，但看看她，又弱掉了。她可以感受到對方的目光。管它的！她絕不想再帶著失敗的感受離開健身房。於是，她不加思索把頭抬起來，視線直直對上他，其實在當下，她只想把眼睛轉去別的地方，但她想辦法讓自己放鬆下來。漸漸地，她覺得好多了，什麼糟糕的事都沒發生。她很受到鼓舞，於是，一抹露齒微笑就這麼慢慢爬上臉龐。茱莉亞知道，其他人大概會覺得她有些呆，但對她來說，就算只維持多一秒的眼神接觸，都是件很了不起的事。她可以感到自己的臉頰因為緊張都紅透了。

努力沒有白費，對方也回了一個微笑，兩人就持續這麼相視而笑了幾秒種。然後他的嘴唇動了一下，吐出一句：「嘿！」接著，他抓著自己的午餐，移到茱莉亞旁邊那一桌。茱莉亞假裝在工作，突然間，他朝她傾身過來說，「妳看起來很有生產力的樣子。」這其實是滿奇怪的搭訕開場白，但誰還管這些呢？他們就這樣聊了二十分鐘。談話快結束前，茱莉亞感到自己的羞怯又重掌了大局。於是，她將筆電闔上，隨便編了一個理由，在兩人來得及交換聯絡資訊或確認是否要再相約之前就逃之夭夭。不過，下次當她在健身房看到他時，對方可就有理由理直氣壯地說：「一百萬年沒看到妳啦！」

目前茱莉亞和教練（還）沒有任何發展，但她開始練習和每天都會遇見的男性對眼並且微笑，大多數時候，對方都會回給她一個微笑。她說，最棒的地方是，她現在覺得未來充滿可能和希望，姑且不論其他，這個小改變至少讓她的每一天都更舒心了。

我的重點是，如果妳總是準備好認識男生，那妳根本就不需再做準備。養成習慣，不管在什麼地方，或許是咖啡店、社交聚會或前往工作的電車上，都練習對人微笑。在眼神接觸同時微笑，能讓妳和離妳有點距離的人搭上線的最佳工具。這麼做也能釋出言語之外的訊號，喔，事實上，通常它傳達得還比言語更多呢！

這種零風險的調情可以、也應該成為有力的一擊，妳幾乎不可能被拒絕。妳想怎麼玩，玩幾次都可以，完全沒有可損失之處。街上那些人妳可能再也不會遇到，咖啡店裡的那個男生大概也只會見這麼一次了。在不需要擔心被拒絕的情況下，妳可以盡情練習、熟稔這個技巧。

②靠近一點

總有些時候，妳送出去的秋波沒法把他勾來身旁，或許他的恐懼和自我質疑仍舊大過找妳攀談的渴望。那麼，這時該怎麼辦？動起來吧！

沒錯，靠近一點。

妳已經用眼神和微笑讓他容易接近妳一些了，現在，妳要幫他把難度再降低，讓他不需要穿過一整間屋子來找妳。把距離因素消除後，他就能輕易、隨興地把看向妳這邊，和妳聊天，他知道萬一你們相談不歡，自己也不至於當眾出糗。

要找到靠近一點的理由還真不是難事。假設你們在書店好了，那妳可以信步走去瀏覽他那區的書；或是在酒吧，如果他正在點下一杯飲料，那不如把握機會走過去為自己也再點一杯。如果妳和一群朋友在一起，不妨找其他人加入你們的談話，如此一來會讓妳看起來開放、友善。運用任何現成、合適的方法更靠近他一些，這樣就會讓他更容易搭話了。

③ 意在微笑外

或許這家夜店擠滿了人，音樂、談話聲震耳欲聾，這種情況下，靠近一點看來不太可行。妳看到一個妳有點興趣的男人，那個男生在擠滿人的屋子遠遠另一頭，跟妳一樣和他的朋友待在一塊兒。總之，你們雖然幾個小時內互看了好幾眼，但不知何故，兩人都沒有採取行動。這時妳又該怎麼辦？

招手示意他過來。別用招計程車的方式，而是用更微妙，散發出「快過來」訊息的動作，彷彿有什麼祕密要跟他分享的樣子。同樣地，這也是另一種幫他作球的方法。

如果他也會回給妳一樣的手勢，要妳過去找他，這正是妳證明自己價值的好機會，妳對他是有這麼點興趣，但得讓他費點功夫，穿越人海來找妳。守住立場，大喇喇地搖頭，再對他招一次手，這次更堅決一點。這麼做挺可愛的，而且總是有用。

某個晚上我和紐約一間酒吧的老闆正聊天時，三位女士就這麼走進門來。我和其中一個對上了眼，我相信我們倆一邊和其他人聊天，一邊彼此互瞄了足足有一個小時。但是，我什麼都沒做，她也沒有。

然後，這種令人討厭的情況有了動靜：她朋友開始起身往門口移動。她要走了！她一邊走，一邊回頭看我，挑了挑眉，微微對我揮了揮手，我看著她，舉起手，好像在說：「妳要去哪？」她走過來跟我說：「你拖太久了，現在我得走了！」最後，我們還是聊了一下，不是很久，但足以讓我們交換聯絡方式，並且約好當週某天再見。妳發出的訊號會讓一切大不相同，我的經驗就是明證。我一天到晚在教人跟約會有關的事，結果我自己竟然也沒有先採取攻勢。

④開啟對話

讓男生可以進攻的最後一招，就是由妳主動開啟兩人之間的對話。或許妳會想，「這不就表示什麼都得我動手做」，對也不對。如果用對了方法，那麼妳只需要製造機會，讓他配得上妳給的機會。就和維多利亞時代女士的白手帕一樣，這一切都只是訊號，效果一樣好。至於覺得都只有自己在幹活的感受嘛。事實上，他們和妳一樣都充滿不安全感。藉著讓妳一窺他們的遲疑，並且知道可以利用哪些小小妙法幫助男生們出手，如此一來，妳可以獲得最高的成功機率。而且，這些方法表明自己握有某部份的控制權，能幫助妳更有自信。

⑤ 十秒法則

對話開始的前十秒決定一切，妳不會相信大多數的女生在前十秒就錯過那些很棒的男人，是因為他們真的只差這麼一點就會開口跟妳說話，但他們在最後一秒慌張起來，決定就此放棄。我有一個朋友就給了這麼一個好建議：「一個女人絕不該隨便，但，在談話的前十秒，不妨隨意一些吧！」

對男生來說，光是接近女生就需要不少勇氣了，在陌生的社交場合中尤是。十秒法則的重點是要妳把「讓他主動搭話」這件事弄得簡單一些，既然比較簡單，他就更有可能做到。不妨把挑戰留在談話較後頭的地方，一開始，盡可能多微笑，越友善越好。十秒的互動後，給對方一點休息的時間，同時，也能讓妳決定值不值得為他再花十秒鐘。

幫個小忙，大有用處

和男生開始聊天最簡單的方法，就是請他幫妳忙。事實上，這方法有效得嚇人，對男生來說，「我真的需要你幫我〇〇」簡直是某種神奇咒語。妳或許會覺得，這句台詞不怎麼高明、細緻，但卻很讓男人想要展現出大男人氣度的那一個部份。當他聽到「我需要你幫我」時，奇妙的事就發生了，他會馬上挺起胸膛，立刻站起來回應：「任妳差遣！」我先前提過，但這值得一提再提，男人喜歡待在那些會讓他們有男人味的女人身旁，而當妳開口要求他幫忙時，妳就是在召喚男人渴望被需要的這個需求。

妳可能聽過大人都喜歡對小男孩們這麼說：「我需要強壯的男人來做這件事。」每個小男生都高高舉起手來表示想幫忙，每個男孩都想成為那個強壯的男人。男人從沒真正脫離想要展現力量的孩子氣欲望，不過這也是美妙之處，不論對幾歲的男人來說，請他幫忙都非常有用，或許根本只是微不足道的一個忙，即使如此，他就能肯定自己的男人味。

如果妳說：「我需要你幫個忙，可以幫我拿一下外套嗎？一下就好，我得把東西拿去給我朋友。」男人絕對不會拒絕妳的（如果妳遇到拒絕的男人，快逃啊）！等妳把東西拿給朋友以後，回去找他，跟他說：「太感謝你了，你今晚過得如何？」在這種情況下，雙方都不會覺得是妳主動搭話。這個方法簡單到有剩，但確實能提供對方採取主動的千載難逢好藉口。如果他對妳有興趣，你們就可以順勢繼續聊下去；倘若他對妳沒啥興趣，在回答「不客氣」後繼續做自己的事。請人幫忙是件小事，根本稱不上是冒險。

這個方法為何有用？因為它不僅能滿足對方「像個男人」的需求，同時，妳更是針對性地請求他幫忙。「我需要你幫個忙」，這是個人化的請求，這讓他相信自己是被選中來幫忙，這使得他更樂意相助。他不覺得隨便誰都能幫到妳，畢竟妳大可以問在他旁邊的人幫妳，相信我，但他一定會注意到妳選了他。

班傑明．富蘭克林有句名言：「那些曾幫過你一次的人，要比那些你幫助過的人更喜歡你也更願意幫你。」這就是俗稱的富蘭克林效應。最近發表於《人類關係期刊》（*Human Relations*）中的一篇文章，便針對這一說法進行了研究。按邏輯來說，假設某人幫我們一些忙，那我們理當對他感謝萬分，同時也會比較喜歡他們，比如說有人烤了個蛋糕給妳，照理說，妳會對他／她產生更正面的感受。這項研究卻顯示，事實正好相反：當人們幫我們忙時，實際上是他們會更喜歡我們。換句話說，幫我們忙的人反而會比我們產生更正面的感受，藉著做這些讓我們受益的事，我們其實讓他們更喜歡自己。

只要妳要求幫的忙不是太大、太多，並且一直表現出感激之情，那麼富蘭克林效應就會持續作用。人們其實很享受從他人所獲得的肯定。當富蘭克林效應作用在男女之間時，效力就更強了，因為妳開口要求他幫忙，他就會覺得像個男人。

獨門配方讓談話難以忘懷

當妳和中意的男人聊天時，有個重要關鍵，能讓妳不至於聽起來像在為他面試、做筆錄或等著派對結束，拍拍屁股走人回家前打發個時間。

那就是加入曖昧情愫。

從妳吐出的第一個字，曖昧的氛圍和性張力就會讓對方知道妳和其他人不同。創造曖昧情愫不代表賣弄性感。基本上，這意味著我們會為對話加入一些挑戰性，同時添上一抹挑逗的元素。

①別再寒暄了，說些讓人意想不到的吧！

當受某個人吸引時，我們的舉止一定會漸漸開始有些變化，這些變化反而讓我們在他眼中看起來更不迷人。這實在太令人生氣了！

首先，我們想盡辦法要讓他留下深刻印象，大方地給予他過多的關注，不管對方說什麼，我們都點頭如搗蒜。我們會開始過度分析自己做的每件事，反而因此失去能吸引人的平常心和玩心。明明和朋友一起時，我們可以隨興笑鬧、輕鬆有趣，隨便說個幾句就讓人捧腹大笑，自在hold住全場。可是，當遇到喜歡的人時，突然間，我們變得好無趣。

我們得了社交癌，不再胡鬧耍寶，變成凡事都對、嚴肅認真，費力玩著「找出共通點」這吃力不討好的遊戲。

這些寒暄相當致命。你們穿越整間屋子走向彼此，在眼神交換中已然起跑的化學作用，一下子就能被這些無聊的寒暄扼殺。假設妳在表妹的烤肉趴上和喜歡的對象肩並肩站著，如果妳抬出那些履歷式問題，我保證不管妳在其他地方多努力，最後都還是徒勞無功。

妳很清楚這些履歷式問題長什麼樣：

你在哪上班？

哦！所以你在那的職務內容是？

哇！聽起來很棒！你是哪個學校畢業的？

酷！你主修什麼科目？

只要問這些問題，保證你們的聊天內容絕對八股、無聊、完全可預測。並不是因為對方很無聊，是我們讓對話變得無聊。無趣、平庸的對話就算講上一整個小時也創造不出任何火花，因為兩個人根本沒機會展露自己的個性。

②試試他

假設妳正在咖啡店排隊，可以轉過去和排在後頭的男生說，「嘿，我想請問一下……」，然後，很具效果的暫停一下，再接著說，「你推薦什麼口味的瑪芬？」我們先假設他建議藍莓瑪芬好了，那麼，現在妳就有創造曖昧氛圍的大好良機了，如果妳喜歡藍莓瑪芬，可以說「嗯，你的品味很不錯嘛！我問對人了！」

「我問對人了」是用來打情罵俏的天才發明！這句話能讓男生覺得做對了什麼，因為他接收到的訊息是，接下來自己得想辦法讓妳留下好印象，即使妳只是用他有無選到妳喜歡的瑪芬口味這類無關痛癢的選擇題傳達這個訊息。

如果他推薦的口味妳不喜歡呢？比如說檸檬口味？在這種情況下，妳還是可以和他打情罵俏的：「嗯，檸檬？」然後停個半秒，用假裝失望的口氣說，「啊！我們倆的口味看來不怎麼合。」再更仔細研究一下這句話，它實在很厲害。當男人一聽到「不怎麼合」這句話時，他會立刻這麼想：「誰說的？我證明給妳看！」雖然他知道妳只是在開玩笑，但他的感性會再次讓他忽視事實。他不過就是幫妳選了個瑪芬口味而已，但既然他沒幫妳選對，就會更努力想爭取妳的好感，其實他根本沒錯啥，更別說，他根本就不認識妳！

為什麼會出現這種情況？因為妳創造出他好像欠了妳什麼的假象，他選錯了，因此就算他並沒做錯任何事，他還是亟欲獲得另一個做對的機會。這個方法之所以這麼有用，是因為男生喜歡努力獲得青睞的感覺。

③隨便說些什麼

用瑪芬作為話引子可能有些傻氣，但打情罵俏本來就是這樣，很多人以為調情得要順暢、圓融、從馬丁尼雞尾酒杯杯緣打量好感對象；然而，真正的調情其實是很隨興的，所以別這麼忸怩不自在。

我們常因為自我意識過剩而錯過人生中的許多美好，打情罵俏是青春洋溢的一股能量，能從最微不足道的舉止中流露出來。開他玩笑時不妨吐吐舌，當他說了一個笑話時，玩鬧般地輕打他手臂，都能表現出自己隨興自在的能力。

一段充滿可能的對話，常是在笑鬧和認真當中來回擺盪。想想妳和好友怎麼聊天的，上一分鐘妳們還在互開玩笑、講些有趣的事，下一分鐘，妳們就開始討論起諸如未來計畫、夢想這類嚴肅的話題。**談話就應該像這樣：在彼此調侃、情感交流、故事、玩笑中起伏來回**，甚至，偶爾也可以聊聊妳是哪裡人、做什麼工作這類無聊履歷話題。不過，最好只把這用來切換話題。

我們的所言傳達出我們是什麼樣的人，而我們用什麼方式與人互動也有完全相同的效果，了解這點非常重要。營造出有趣、隨興的氣氛，省了那些制式寒暄，藉著測試他創造出他欠妳什麼的假象，為你們的對話注入曖昧氛圍。這麼一來，這就讓這段對話就有了好的開始，同時妳也能在其中獲得更多樂趣，就算後來跟對方沒成也無所謂。畢竟，只要能讓自己享受其中，妳就成功了一半。

主導自己的感情生活

妳可能會想，這些看起來都只是片面的說法，在憐香惜玉的英雄面前丟下手帕，示意他該接手剩下的工作……，現實生活分明比這複雜得多了。

但我要再說一次，一旦妳把上面這些做法納入到日常生活裡，漸漸地妳就不會需要多費功夫了。不久前，我和弟弟去一間酒吧玩，有個女生站在我旁邊，她一邊接過飲料，一邊轉向另一邊的男士說：「我們今天是來慶祝禮拜五的！乾杯！」兩人就這麼碰了碰彼此的酒杯，對方看起來好像在喝某種雞尾酒，她笑著說，「哇！我喜歡對自己的男人味有自信到點女孩兒飲料都沒關係的人！」他們才聊了不到一分鐘，不過我可以確定，這位年輕女士不管在哪都是這樣子，她應該能認識很多男生。

如果妳想主導自己的感情生活，事實上，妳也的確是，因為妳已經決定與其選擇枯坐乾等，不如起而行動，正因為如此，妳更要主動出擊。

互惠原則

主動出擊，不表示妳得傾盡一己之力最後只換來一場空。恰恰相反，主動出擊表示妳願意成為先給予的人，然後靜候結果。

如果妳稱讚某位男士、請他幫忙，或好玩地試試他，但他卻毫無反應，至少妳也知道他對妳沒什麼興趣。如果妳在咖啡店問排在後頭的那位男士該選什麼口味的瑪芬，他卻粗魯無禮地回答：「我哪知道，要吃的人是妳又不是我。」那顯然妳也不可能再繼續和他聊下去了。妳花了一點時間，而妳也只需要這麼一下，試著接觸對方，看他是否也願意繼續聊下去。如果他不想，那妳也只花費很少的心力，至少還可以把這當作練習，用在下一個遇到的男生身上呢！

關於愛情，馬修這麼說：

如果要說這章最重要的重點，我想是不要忘記肢體語言的重要，一個眼神、一個微笑、主動接近都會幫助對方接收到妳的訊息。如果對方並無此意，也無損妳的面子，如果他讀懂了，就讓談話充滿趣味、調情，不用擔心任何空白，沒有人規定一定要順暢才行。這些都是妳不再讓把感情生活交由別人決定的動作。

7 來一場讓他欲罷不能的談話

妳遇見了很棒的男生，你們對彼此微笑，雖然一開始有點尷尬，但基本上，你們聊天的氣氛帶著性張力，而且兩人都興致盎然。你們有說有笑，也找到共通點，比如說都想去西班牙旅遊等等。他人很不錯，但妳不太確定是否還想再跟他見面？妳該怎麼知道他到底是怎樣的一個人？如果妳真的滿喜歡他，想再多和他相處看看，那又該怎樣讓他主動開口約妳？該怎麼把一次閒聊轉換成一場約會？

情感連結是關鍵

在一段成功的感情中，除了性張力之外，情感連結更是不可或缺。許多女人知道如何創造性張力，但情感連結才能讓妳顯得獨特。情感連結始於一段品質更好的談話。我們已經知道該怎麼開啟談話，重點是以可以繼續聊下去為主，開場白是什麼並不重要。現在呢，我們要再更深入一點。

成為一個好的談話者需要兩件事：創造引人入勝、有趣的話題，以及營造情感連結。不論男女，許多人，常在聊天時犯一個錯，就是只把焦點放在自己身上，卻不曾留心對方的感受。他們以為光鮮亮麗的工作會讓異性迷得神魂顛倒，於是用盡全力，高談闊論自己的成就、吹噓著曾去過哪裡旅遊，殊不知在他口沫橫飛的同時，對方只能聽，無聊到打呵欠。這甚至不能稱得上是聊天，比較像是獨角戲。

那麼，妳該如何善用情感連結，達到真正認識彼此的目的呢？

① 尋找各面向，而不是既有事實

在第一次聊天時，我們希望可以發掘出對方是怎樣的一個人，但是去挖掘投資銀行上班、住市中心、喜歡看電影等資訊，還不足以達到這個目的。

假設妳被工作的話題纏住了，他告訴妳：「我恨我的工作，超無聊！」一個好的談話者能不著痕跡地切換到比較有趣的話題，既然他說討厭自己的工作，那妳可以問他這類問題：「如果世界上每樣工作的薪水都一樣，那你想做什麼？」、「如果不考慮錢，你明天想做什麼？」、「二選一！做你痛恨但年薪十萬美元的工作，還是你很喜歡的工作，但年薪只有四千美元？」

藉著這些問題，他可以分享自己的熱情，妳也能知道他覺得人生中什麼事情有意義，這麼一來，妳就能很快深入他的價值觀，知道他到底最在乎什麼事。接下來，妳只需順藤摸瓜，問他原因，連帶地發掘出關於他的二三事。

如果他選擇年薪百萬的工作，問他為什麼，可能是因為他很在乎安全感，喜歡打安全牌；或因為他喜愛冒險，需要錢才能四處旅行；也可能他就是喜歡過著手頭寬裕的生活。這些都不是爛理由，只是代表了不同的價值觀。也就是說，不管他怎麼回答，妳都能更清楚他的生活動力來源。

讓對話從邏輯面轉向情感面，便能創造出情感連結。邏輯性的問題只負責在互動中串場，訴諸情感的問題才能揭露對方真正的價值觀。

藉著這些能引導對方談論興趣、熱情的問題，妳可以達到兩個效果：第一，讓談話變得更開放，他也可以反問妳類似的問題，進而更認識妳；同時，妳也創造一個讓他經驗正面感受的機會，這麼一來，他就會把正向感受連結到和妳談話的感覺上。當他開始視妳為能引出他不同面向的人時，情感連結就此產生。他覺得和妳分享一些他甚至沒對朋友說過的私事。

假如這些問題看起來有些沒頭沒腦，妳也可以這麼解釋「我朋友之前問我一個很有趣的問題」，不管她到底是不是真的存在，所謂的「我朋友」，就是讓妳創造話題的最好隊友。

② 問問題深入價值觀

假設妳尋找男友的標準，是要跟自己一樣喜歡探險，因為妳喜歡旅行，造訪充滿異國風的地方；也可能妳喜歡尋求刺激，去一些奇怪甚至危險的地方；如果是這樣，那妳會需要有冒險精神的人。

所以，在首次聊天時，妳可以深入一點，問他「如果明早你可以在世界上任何地方醒來，那你希望是在哪？」、「如果你可以放下一切，立刻跳上飛機，目的地會是哪？」多數女生都會等到第一次（甚至第二、三次）約會時，才能發現對方是否和自己一樣喜愛旅遊、冒險。但何必等這麼久？如果我們不利用第一次聊天時就挖得深入一些，看看兩人之間是否有連結，那根本就只是浪費時間嘛！

為談話增色的其他方法

每個好的談話者都知道這麼個穩贏不輸的法則：**不要用顯而易見的答案回應顯而易見的問題。**

你最近怎樣？你是哪裡人？你做什麼工作？雖然妳遇過很多男生都愛使用這種

難以對話的問題，但不代表妳就得回以顯而易見的答案。

我們來試著模擬一下，假設他問妳今天過得如何，妳可以像其他人一樣回答：「很不錯啊，謝了」，或者，妳可以來個大轉彎，把這段談話帶往更有趣的方向。

引起興趣：

妳可以這麼回答：「我今天過得好極了，解決了一個超大難題，心情特好！」他一定會想知道那個超大難題是啥。

提出更有趣的問題：

「我朋友那天問了一個讓我快抓破頭皮的問題：『你寧可另一半跟別人上床，還是愛上別人？你覺得咧？』」藉此知道他的想法。

假裝正經：

「我今天過得超好，買到新iPhone，完全改變我的人生！我現在比以前時尚了〇．五倍。不過，我需要下載更多App才會更酷，你推薦哪一個？」

調侃他：

「棒透了！我剛才跟朋友說新的洗髮精讓我頭髮前所未有地柔軟，每個人都一直問是不是有什麼傳家祕方。」如果他想摸妳的頭髮，趕快往後退，開玩笑說：「不行，你不准碰！」或是讓他摸，摸完以後跟他說「一次十塊」。

我們無法控制別人說什麼，但完全可以決定如何回應。妳可以把「今天過得如何」這個史上最被濫用的問題，轉變為任何妳想要的談話內容，而且甚至不需要提到今天這兩個字。比如說，「我這兩週都一直很興奮，因為我下個月就要去非洲啦！」接著就順著聊哪些事會讓自己興奮，同時也傳達出一個訊息：妳是個生活多姿多彩的女人，日常生活那些無趣瑣事根本不足掛齒。

人們老是這麼問，是因為他們根本想不到有什麼好說的。除了媽媽和好朋友之外，其他人哪管我們一天過得如何，更別說對方還是首次見面的人呢！

為再見面鋪路

假設妳和對方進展很順利，正談到找時間聚聚，但妳朋友在這時過來說，「我們要走了，一起走吧」，妳想在被朋友拖走、失去機會前弄到他的電話號碼，但情況現在有些尷尬，因為妳得開門見山問他，那麼有什麼方法能讓這件事容易一點？

通常跟對方聊沒多久後，妳就會知道自己還想不想在他身上花更多時間。雖然隨著談話進行下去，也可能發生讓妳失去興趣的事，不過想搞定一場約會最好的方法，就是在兩人互動初期就先為此鋪路。這麼一來，會讓最後交換電話號碼容易得多，因為妳有詢問他的好理由。

妳並不是真的問他想不想跟妳約會，而是用隨興、半認真的態度丟出一個想再碰面的想法。

妳：「我的每個男生朋友都一直叫我要去看某某（任何一部很受男生歡迎的）電影，但我到現在都沒去，真的有這麼好看嗎？（對他喜歡的電影，表現出有興趣的樣子，加分！）」

對方：「我也還沒看，但我也想看。」

妳：「地球上應該只剩我們兩個還沒看過，要不要一起去？」

對方：「聽起來是個好主意！」

妳：「啊！等等，你看電影喜歡吃冰淇淋還爆米花？（試試他）」

對方：「看電影沒爆米花怎麼可以？而且一定要吃甜的！」

妳：「很好，你過關了！如果你說冰淇淋我就不跟你去了！（他過關了）」

然後，就停在這。妳還沒有任何具體計畫，但已經為下一場約會鋪了路，同時藉著測試、捉弄他，建立了更有趣的情感連結。

雖然妳是一派輕鬆的態度，但當男人聽到妳說要再見面時，他接收到的訊息是自己還沒成功「把」到你。這不合理，但他的腦袋還是會想著自己一定得通過測試，如此一來，雖然主動提起要再見面的人是妳，但他仍會把這當成是一場考驗。

進一步，退一步

多數人被吸引時都會有這樣的想法。我們想讓自己看起來隨和、友善，並且清除邁向潛在戀情路上的所有障礙物。我們認為只要顯露出任何一點難搞的跡象，就可能搞砸一切。但是，一點挑戰正好能傳達「妳是一個優質，值得追求的女性」的訊息給對方。他會覺得妳很有魅力，因為妳設下了若干準則。在這個方法裡，我們先前學到的各種技巧正好可以派上用場。

在關係中，不要隨叫隨到，讓他知道妳會留時間給他，但不是隨時隨地都可以。妳或許很喜歡對方，但別特意為他挪出時間。這並不是什麼欲擒故縱的技倆或耍心機，既然妳是有自己的生活方式，自然也希望對方明白，雖然妳給了他電話，但並不表示他什麼時候打來妳都一定得接。

對男人採取主動後，稍微退後一些通常也很有效果，這方法總是有效。當妳先往前一點，歡迎他多做一些；妳讓他獲得妳的電話號碼，但也讓他知道，妳不是非他不可。妳可以隨興但也稍微擺出姿態，告訴他：「好，這是我的電話，但別早晚照三餐打來說想我喔！」或者，「如果我們在電話裡聊得不錯，那也許可以找時間聚聚」，這麼一來，他就得在電話中更努力證明自己，好贏得和妳度過美好時光的機會。

你們已經找到可以一起做的事，所以當到了說再見的時候，讓交換電話這件事變得不這麼嚇人。妳可以很輕易地說出口：「嘿，我得走了，這是我的電話，有空時我們一起去影展」、「我得回去找我朋友了，今天本來是閨蜜之夜的。這是我的電話，或許哪天我們可以再見個面」。

注意了，整段對話都沒提到「約會」兩個字，你們只是會再見個面而已。不過，因為在聊天時，妳已經鋪陳了足夠的化學反應和性張力，所以他知道，所謂的「再見個面」絕不是像兩個麻吉打發時間那樣。球現在在他手上，對他來說，事情再簡單不過了，初次約會，搞定！

妳傳達出這個訊息：我很忙，你看起來滿有趣的，讓我先記下你的電話，有時間的話我們可以一起做點什麼。如果是他得先走，那我的建議是，或許妳可以等他跟妳要電話；不過，如果妳覺得他不好意思開口，那不妨主動給他妳的電話，然後跟他說：「傳個簡訊給我，我下次要去影展時再跟你說。」說得時候盡量保持語調輕鬆，口氣平鋪直敘即可。這方法一定有效，因為妳的意思就好像「不管他會不會去，妳都一定會去」。在試著敲定約會時，維持這個的心態：妳歡迎他加入妳多采的生活，但不論有沒有他，妳的計畫都照舊如常。

關於愛情，馬修這麼說：

聊天到底要談什麼呢？準則就是找出價值觀。不管他的工作、背景學歷如何，他如何從當中展現價值觀，才是一個活生生的人。妳可以怎麼做呢？讓對話從邏輯面（工作、學歷、背景）轉向情感面（你喜歡什麼？對生活的看法？）。邏輯性的問題只負責在互動中串場，訴諸情感的問題才能揭露對方真正的價值觀。

8 簡訊是調情，別拿來談感情

你們互留了電話，現在該是簡訊上場的時候了！

有很多事，不是我們可以做就應該去做的，簡訊就是其一，或許該這麼說，我們應該有限度地使用它。

不論是剛認識，或已經約會了幾個月，使用簡訊的目的都應該只有兩個：好玩和供緊急時聯絡。緊急聯絡，顧名思義，就是當遇到遲到、約好見面的咖啡店週日沒開、因為總統到訪封路、房子失火了妳得另約時間等狀況時，就是使用簡訊的最佳時機。

另一個該使用簡訊的時機，是當妳想引起對方的好奇心、興趣和創造出妳的價值感時。簡訊的內容應該是大膽，充滿挑逗意味和好玩的；讓妳可以展現出機智和幽默，或純粹只是吊吊他的胃口。

比方說，妳可以傳給他，「我看電影的時候突然發現你長得很像湯姆・希德斯頓欸！」但別告訴他原因。當他問為什麼時（他肯定會），再丟出原因，比如說笑起來的樣子很像、很適合穿西裝，或是在有壓力的狀況下都很冷靜等等。妳的目標是稍稍稱讚他或是模稜兩可，如果是前者，別做得太過火（比如說：你們兩個都很性感）或太具攻擊性，最好的方法就是用一種開玩笑的方式稱讚他。

妳也可以傳一些調侃他的簡訊，這和輕推他肩膀有同樣效果，足夠引起他的興趣，而且他也會想回推你一下。幾次約會後，妳可以傳類似的簡訊給他：「從沒看過哪個男人有這麼多八〇年代的歌。印象深刻！」。這個方法效果很好，因為他會發現自己在不知不覺中就通過了妳的測試。

簡訊是片段式的聊天，用意是要激起對方的興趣，不是讓兩人無止境閒聊的工具，也不該取代深刻真誠地談天。簡訊的技巧是質少量精。

和他來來回回傳上好幾個小時的簡訊，會讓妳以為正和他建立連結，但這都是假的。如果妳在簡訊中表現得太過親密或當成在告解（千萬別在喝醉時傳簡訊），下次你們見面時的互動就可能變得有些尷尬，因為在文字訊息中的連結和親密感，並沒有對應到實際生活中的關係。

最糟糕的簡訊莫過於「我好無聊喔，你在幹麼？」這類簡訊超煞風景，它傳達給對方的訊息是妳很無聊，需要點樂子；但這種內容讓他沒有機會和妳打鬧、調情、互虧，也無法回以露骨的內容。

當他收到簡訊時，應該要有些情緒波動，他覺得妳的笑話很好笑，或內容引起他的興趣，也許是在和他打情罵俏，讓他嘴角失守，總之千萬別讓他得在簡訊裡像是在回報例行公事般，報告今天做了什麼事等。如果妳不知道該寫些什麼，不妨找個問題問：「我和朋友今晚想看部驚悚片，但我沒看過這類電影，有什麼建議嗎？」

讓他約妳出去

假設妳遇見某個男生，你們滿談得來，也交換了電話，但幾天過去了，他都沒打來。但如果一直杳無音訊，妳當然可以選擇把他拋在腦後，別再想你們互動得多好，但在這之前，還是有一種簡訊可以讓妳確定。

妳可以在晚上八點左右發個訊息。因為這差不多是妳在派對、聚餐、活動、賽事時間；而且，也是會讓他來不及臨時加入的時間點，基本上它就得是這麼不合理的時間。妳可以傳給他：「我現在在爵士酒吧，今天的音樂太棒了，你真該來的。」

妳讓他知道自己所在位置，音樂哪裡棒，然後用「你真該來」作結語。「你真該來」是一句自信爆棚的話，它表示妳充滿把握。這個原本用意是釐清狀況的簡訊，讓他有機會做些什麼，現在球在他場子裡了。

但是，重點來了，妳並不是真的希望他來，這也是為什麼妳要這麼晚才傳簡訊，像是一副突然想到的樣子。這麼一來，如果他現在不克前來，但日後還是想和妳見面，就會回傳訊息，提議之後再相約。也可能，他決定立刻出門找妳，反正妳本來就已經出門了，所以只要等他加入就好了。這是一個雙贏的局面，就算對方不感興趣，妳也沒有損失。妳的立場不變，而且也不用主動提議約會，所以也顧到了面子。

不過，請在真的有出門時才傳這種簡訊，千萬別躺在浴缸裡一心期待他不會付諸行動！如果他喜歡妳，搞不好真的就出門找妳了呢！

使用直述句

傳簡訊時，直述句會比問句更有力。如果妳傳訊息給男生說：「我和朋友晚上要一起去一間剛開幕的餐廳，你一起來！」這樣的內容傳達出一定程度的自信和肯定，男生並不常聽到女生這麼說話。這句話的弦外之音是：「我要和一些很酷的人去很酷的地方，你也應該一起來。」如果他喜歡妳，他只需要答應就好了；如果他無法出席，也可以改約其他時間。這麼一來，妳就成功地讓他主動排定約會時間了。這個手法堪稱完美，因為它讓妳可以很優雅地完成目標。

當妳使用充滿自信的句子，比如「你應該一起來」時，就是不給他選擇的機會。而且，這也讓你們不用糾結要約何時，約在哪，東挪西喬彼此下週的時間等。如果使用問句，「你下週想跟我約嗎」，各種變數就會突然出現。你想要……嗎？想的話，時間能配合嗎？你想去哪？頓時，工程似乎變得好浩大。然而，如果只是告訴他妳現在在哪，做些什麼，他應該一起加入，那他需要關注的事情就只剩下和妳見面時會多有趣了。

關於愛情，馬修這麼說：

簡訊是片段式的聊天，用意是要激起對方的興趣，不是讓兩人無止境閒聊的工具，也不該取代深刻真誠的談天。簡訊的技巧是質少量精。

9 網路交友的使用重點

常有人問我對於網路交友的看法。雖然我向來最推崇面對面的互動，然而不可諱言，在網路上經營人際關係確實相當受歡迎，對某些人來說更是特別有吸引力。我得承認，在網路上找到一生摯愛並非不可能，但往往還是有相當難度。

不過，網路交友早已蔚為風潮，是年產值數億的一項產業，也是人們用來認識交往對象最常見的第三種方式（藉由工作關係或在學校認識對象最常見，第二名則是經由朋友或家人介紹），如果只是輔助性質，它其實是有用的工具。不論妳人在哪，它都能立即讓妳認識許多人，一拖拉庫（自稱是）單身的男性任妳挑選，他們和妳有著共同目標，網站上也提供了基本的資訊，讓妳可以判斷對方是否值得一試；同時，如果你們決定見面，至少還知道有什麼共通話題。

登入以前，要注意

若要善用網路交友，妳最好以「能幫助自己達成目標」的心態使用。妳可不想落入一個陷阱，花上好幾小時上網，而同樣的時間明明可以用來認識活生生的真人。所以，在穿上毛茸茸拖鞋、泡好熱騰騰的一杯可可、拿起筆電放在盤著的腿上之前，有幾件重要的事情要請妳先銘記在心：

①小心輕鬆自在的錯覺

網路交友讓認識新對象變得容易極了，這也是它為何如此吸引人。只要看到不錯的對象，我們就可以立馬傳訊息給他，完全不需要承受當面互動的風險。一切都順心美好。但千萬別忘記，妳的最終目的是一場真實的約會，而不是穿著睡衣、坐在家裡，在網路上與人交流。在網路上和人聊天時，我們會想像他大概是怎樣的人，但除非進展到實際見面，不然這一切都毫無意義。

②只解決了戀愛的部分問題

在網路上蒐集兩打可做約會對象的個人檔案，並且成功認識，都不代表妳已經遇到對的人。網路交友是為了幫妳敲定約會，和可能是真命天子的他面對面，這樣妳才可能練習、熟練本書中學到的技巧。

③別太吹毛求疵

瀏覽著這些個人檔案時，很容易讓妳變得吹毛求疵，這是有太多可供挑選的陌生人會帶來的副作用。最典型的結果，就是我們太想找到符合各方各面條件的那個人，於是不留任何餘地給人。在本書一開始的地方，我們提到漏斗哲學，盡可能多認識人。然而瀏覽這些個人檔案時會讓妳產生一種錯覺，以為自己「認識」了很多男生，然而多數人都只根據最微不足道的外在理由進行篩選。

④別把它當作唯一解藥

大家都以為使用交友軟體，就等於是對感情生活主動，這是常見的錯誤。她們的下一步，往往就是再也不出門認識對象，而是一屁股坐在家裡，手滑切換著不同的個人檔案。請把網路交友當成輔助工具，和書中提到的各種方法並用，才能讓它發揮出最佳功效。妳永遠不知道什麼時候會就這樣在現實生活中遇到吸引妳的人，別因為交友軟體而錯過這些機會啊！

⑤被拒絕很正常

千萬別搞錯，就算在網路上，妳還是可能和現實生活一樣遭受拒絕。當妳真的被拒絕時，請記住這完全正常，本來就不是每個人都想要妳，甚至不見得會喜歡妳。我一開始製作短片時，都會自動略過好評，只專注在很影響我心情的那些負評上。直到某天我突然領悟，負評是無可避免的。不管我們做什麼，至少都會有一〇%的人不喜歡我們，這很正常，所以，沒關係啦！

⑥妳不是真命天女

當使用交友軟體或網路交友時，會同時跟多個人聊天，除非你們決定往下一步發展，否則是不太可能改變這個習慣的。這種一男對多女或一女多男的情況，或許會視不同載具而有不同，一般來說，免費的軟體比較容易出現這種狀況；不論如何，這的確是每個人都會遇到的情形。別覺得他是衝著妳來，然而當感情發展到比較認真的地步時，記得好好設下界線。

重點中的重點，寫好個人檔案

在現實生活中互動，每一分每一秒中都能收到這位妳才剛認識的男人的各種資訊，然而在網路上，一切都得靠個人檔案定生死了（還真是一點壓力都沒有）。下面是一些小祕訣，可以讓理想的約會對象更容易找到妳。

①別畫蛇添足

在看了二十個人的檔案後，妳就可以抓到大致的規則，沒有哪個人的檔案是前所未見地特別，如果某個男生想當文青用詩寫自介，基本上妳就知道他用力過度了。別太搞笑、太正經八百或陰陽怪氣，不過倒是可以好好想想妳想怎麼呈現自己，然後用簡單的方式表達即可。

②簡短為上

多數人都喜歡談自己，或高談個人意見，但妳不過是個剛剛才出現在螢幕上的人，誰理妳啊？觀察第一次使用線上交友網站的人，他們的行為令我嘖嘖稱奇。一開始，他們很有愛，很認真，細細閱讀第一份個人檔案，一字不漏，認真思考對方說的內容；到了第二份檔案，他們花費的時間稍微少了點，而當他們發現原來還有這麼多個人檔案時，就會開始篩選，不知不覺，他們的態度變成像是在看廉價雜誌裡的分類廣告那樣，幾乎不會好好看上頭到底寫了些什麼。

好的廣告設計人都知道，下一個好的標題，提出畫龍點睛的想法，都遠比大量的說明文字更能抓住人的目光。當別人第一次看到妳的檔案時，他們才不相信那些瑣碎細節，而是會對呈現出來的「妳」的這個概念買單。事實上，妳提供越多細節，他們就越有理由拒絕妳，對男生來說尤其如此，畢竟大部分的男人可是過濾高手呢！

不過，這並不表示妳可以只給隻字半語，讓他們對妳一無所知，妳應該採取中庸之道，提供足夠的資訊，讓對方能稍微對妳有些概念，但盡量簡潔，這樣他們的注意力才不會一下子就被通訊軟體、哀居、推特或電視等其他十五件同時冒出來的事給抓走了。

記住，一旦男生抓到妳大概的樣子，剩下的空白他會自動填好。如果妳呈現出來的五％的樣子頗吸引人，他會利用這五％，自己刻劃出剩下九五％他不認識的妳。

③言之有物

「我的個性友善、開放、外向、有趣，有冒險精神……」誰在乎啊？我不在乎，妳也不在乎，沒人在乎。為什麼？因為只有一張嘴沒啥了不起。去說說妳做了什麼，妳的人生經歷，或聊聊妳喜歡、討厭什麼，都比寫這一長串形容詞更能描繪出妳是怎樣的人。老生常談還是有些道理：秀出來，別只用說的。問題來了，在還沒見到真人之前，妳很難秀出什麼東西，但妳還是可以表現得好一點，用正確的語言呈現自己的最佳特質：「全世界對我來說最重要的人就是我妹妹，我願意為她做任何事」（秀出來），比用空口白話「我是一個很有愛的人」（用說的）更有說服力。

④「為什麼」比「是什麼」更有表達力

如同面對面聊天，在個人檔案中解釋自己為什麼喜歡某件事，比只單純描述自己喜歡什麼來得更重要。如果妳提到自己喜歡某部電影，不妨也多加解釋喜歡的原因。其他人不見得也喜歡這部電影，但他們可能對妳喜歡的理由很有共鳴。這和談論自己做什麼工作的道理一樣，別人不見得了解妳的工作內容，然而或許能連結到妳對工作的熱情。

別只是噴灑一堆關於自己的客觀事實，不妨藉著分享故事和觀點，呈現出自己是個什麼樣的人。

⑤別說大道理

為了展現熱情，有些人在個人檔案上用力過猛，反而因此顯得太過誇張。她們大加抱怨愛玩電動的男生，大放厥詞地主張每個人都應該吃素，這類言論會讓她們看起來刻薄愛批評。最好的個人檔案，是用有熱情（也有趣）的態度，寫寫自己喜歡和不喜歡什麼，對自己和自己的意見都保持幽默感是關鍵點。

同時，也記得別踩到地雷：「開多功能休旅車的人敬謝不敏」等等，妳可能覺得不過是誠實以告自己的喜好，但他也只不過是瀏覽一下妳的檔案，又沒打算跟妳結婚，所以心胸還是放開闊一點吧！

⑥別當「都可以女孩」

我喜歡戶外活動，也很愛打扮；我很有女人味，而且超愛看足球比賽；我喜歡垃圾小說，但也超喜歡神經科學類的書；各種音樂類型我都喜歡。妳可能想一網打盡各類男人，不過這麼做到頭來只會讓妳一無所獲。慎選類型，誠實以告自己喜歡、不喜歡什麼，妳本來就不可能吸引到所有人。

⑦絕對要（間接地）自吹自擂

想褒自己，但又不想太直接？最好的方法就是描述朋友怎麼形容妳：「我朋友說我滿容易就吸引男人的目光，不過事實上，我很少遇到自己想交往的男生。」用這個方法，妳比較容易能展露正面特質。以上述例子來說，妳的意思就是自己滿搶手的，但用這種方式說，可以讓自己稍微拉出一些距離。另外，注意一下後面這句話，表示妳不是隨便的女孩，妳有妳的標準。

⑧記得開出條件

人們常忘記，雖然個人檔案的存在目的是為了推銷自己，但它同時也是可以預設妳期待獲得哪些回應的工具。舉例來說，妳可以這麼說：「我在尋找一個不憤世嫉俗，懂得欣賞生活小事的人」、「我需要一個和我一樣喜歡閱讀和討論書籍內容的人」。這麼做還可以達到其他效果。首先，這讓看到檔案的人知道，不是隨便哪個人都可以走進妳的生活，也就是說，這提高了妳的價值，為對方創造出一場挑戰。第二，這清楚地指引了對方，讓他知道該怎麼做才能引起妳的興趣，如果他從高中以後就沒好好讀完一本書，妳幾乎可以確定他會在你們見面以前趕上進度。這是在兩人認識前就制定好對方行為模式的有效方法。

網路聊天要有重點

再次重申，我們最好只把網路交友當成通訊錄。因為妳最終的目標是要見到真人，而不是只留在網路上聊天。妳看到某個男生的檔案，對他有些好感，那麼妳的目標就是和他約見面。妳或許覺得彼此已經有些連結，顯然你們有些共同點，但最好用細微的方式在訊息中再次確認，這點很重要。而且，如果妳傳給他的第一封訊息就是要約見面，妳在他眼中的價值很可能會因此減少。

第一封訊息的內容（假設妳採取主動），可以針對他個人檔案中的某件事回應，比如說他喜歡的名言、最喜歡的電影，或某些你們都覺得有趣、或煩人的小事。比起在真實生活中認識人，網路交友有一個最大的優勢，妳已經掌握某些關於對方的訊息，所以可以直搗黃龍：「我看到你說最喜歡的電影是《鐵達尼號》，值得我稱讚一下，因為你是我看過唯一一個man到敢直接承認的人。」有哪個男生可以忍住不回覆呢？

這類訊息比單只丟個「嘿！你好嗎」來得更有趣，同時，盡量別問封閉式問題，這類問題一下子就會拖垮聊天的節奏，讓對話變得毫無生氣。

安排見面

我聽說有人會花一整年時間傳訊息，最後終於發現不來電，這才開始物色其他人。所以我要再說一次，這就是為什麼妳要儘快和中意的對象約見面。一般來說，當我們遇到中意的對象，彼此來電時，就會和他相約下次再見；然而使用網路交友時，約見面常只是為了確認兩人是否來電。

關於愛情，
馬修這麼說：

交友軟體已經是現代人認識對象的一個管道，顛覆了過往認識對象的步驟，想要在上面突出自己，吸引到優質對象，除了上述的重點外，也可直接參考我的影片，請至三采 Youtube 就能看到。

☑ Step2

戀愛
應該這麼談

Get the Guy

10 吸引力的終極公式

我們很少提及、談論交往階段，因為人們總是急著告訴妳該怎麼約會、什麼時候該發出最後通牒，要對方做出承諾，但卻很少人告訴妳該怎麼度過中間這段詭譎多變的時光。

當男生睡前想著他剛認識的那個女生時，一股真摯、深沉、持續的吸引力便開始滋長，他會開始經歷到一連串感覺，迫不及待想趕快見到她、腦海中重播相遇當晚的畫面、想著她是否還想再見自己。沒錯，男人也會這樣。創造吸引力的關鍵，在於妳能否創造出這些感受，這和情感連結、友誼或純粹的「性」趣是完全不同的。

行為舉止，決定了我們能否展現出性感、個性，使人趨之若鶩。並不是被選上的特定少數人才能擁有吸引異性的能力，不過對某些人來說，這的確比一般人來得更容易。不過，我們還是可以學習、複製這些能創造出吸引力的特質和行為。就如愛爾蘭作家王爾德（Oscar Wilde）所說：「成功是門科學，如果條件充分，就會得到結果。」

吸引力不是自然就有嗎？

我花了好幾年時間理解吸引力這檔事，研究、吸收我能找到的每種理論。最後的成果就是這個方程式，如果好好照著做，就能創造出讓吸引力滋長的條件。

這不表示妳要改變自己，每個人，無論男女，都想在別人身上尋找某些特質、價值，也有各自喜好的長相。不過，要在男人眼中顯得獨具魅力的準則還是相同的。所有有魅力的女性都有一套特定的行為模式。吸引力方程式只是指導原則，不需要死板板地遵守，也不會扼殺妳感情生活中所有隨興之舉和興奮感。

有次我和朋友沿著街道散步，和兩個女生擦身而過。我和其中一人交換了眼神，而且立刻被她吸引，但我還是繼續往前走，走了大概十五秒後，朋友對我說：「如果你不現在立刻回去跟她說話，那我就要告訴你全部的客戶，你根本光說不練！」那是人來人往的倫敦街頭，她應該早就走到下個路口了，等我終於追上她們時，氣喘如牛，真不是最完美的時刻！我問她們從哪來，很爛的臺詞我知道，但有總比沒有好。電到我的那個女生的朋友上下打量我，試著拉開我喜歡的女生，但她用西班牙文跟朋友說了些什麼，然後回給我一個微笑。我不知道她說了啥，但她們答應和我們一起喝一杯。接下來十八個月，我們發展出一段不可思議，熱力滿點的感情，那時我才終於知道那天她跟朋友說了什麼：「他戴了袖釦欸，還有可能更糟嗎？」

美妙的事會在微小、無預期的時刻發生，但這不表示我們應該用毫無章法的方式對待感情。多數人對待感情的方式毫無計畫，跌跌撞撞，有時太用力，有時力道又不夠；有時太害羞、說太多話、喝了太多酒後開始大講特講爛笑話。我們不知道自己在幹啥，只知道一心等待奇蹟。

吸引力公式

我一直想試著找到每個人都可以輕易重現的策略。在研究超過十萬名女性和男性互動的方式後，我歸納出這個不斷出現的既定模式。以下這些或許看起來有些武斷，但根據我的第一手經驗，不論妳有沒有意識到，每次當妳被某個高質感男人吸引時，其實已經自動根據這些公式在行動了。

視覺吸引力＋認知挑戰＋自我認知價值＋情感連結＝深入且持續的吸引力

讓我們一一談談公式裡的每個變數吧！

① 視覺吸引力

肉體慾望從哪來？是什麼讓人想要得到妳？

答案顯而易見，就是妳的外貌！許多令人不解的愛情謎題都是因為它。但在這裡暫不討論。妳不需要美若天仙或擁有讓人噴血的身材、如瓷器般光滑鑑人的肌膚，彷彿牙膏廣告模特兒般閃亮的微笑，才能擁有吸引力。

外貌當然重要，我不會騙妳說男人不在意外表，我的任務之一就是幫妳了解男性心理。

可是，**妳真的不需要看起來像超模也可以迷倒很棒的男人**。如果只有絕世美人才能吸引到男人，那根本就不會有單身的女演員或模特兒了，至於那些只是可愛、漂亮、迷人的女生，恐怕只能以老處女的身分孤單死去了；更不用說，妳一定也不會看到長相平庸的夫妻（妳是否曾和某些看起來很宅，卻牽著女朋友或老婆的手的男人擦身而過，心想著，這種咖也找得到另一半），因為每個人都會找到他／她的另一半。

只靠美貌是不足以讓男人常留在妳身邊。正如演員米高肯恩（Michael Caine）在電影《風流奇男子》（*Alfie*）裡所說：「當你看到正妹時，請記得在某個你不知道的地方，一定存在這麼一個早就厭倦和她翻雲覆雨的男人。」漂亮的電影明星談戀愛時顯得鬱鬱寡歡，然而許多鄰家女孩型的女人身邊卻總是充滿趕也趕不走的蒼蠅男，怎麼會這樣？

這是因為客觀和認知上的美麗兩者間存在巨大差異所致。

認知上的美麗，則能創造出視覺吸引力，換個角度說，**認知美是藉著行為創造出吸引力**。妳在談話中如何表現自己的個性，妳的儀態、能否又有自信又隨興，當出現性張力時，妳能否怡然自得？這些行為正是創造認知美的關鍵。

男生也常這樣，一開始受外表吸引，但在聊了十分鐘非常無趣的內容後，開始覺得對方一點都不性感，甚至因為她太無趣、膚淺而興致缺缺，甚至可能在聽到女生開口講話後沒幾秒就完全熄火。當然，相反的情況也遠比妳想像還多。男人遇見女人，一開始完全不感興趣，然後，她說或做了某件事，抓住了他的注意力，接著，砰！男人就像是被雷劈到一樣陷入愛河！

外在美對一開始抓住注意力很有用，但還需要下很多功夫，才能讓瞬間火花變成熊熊烈焰。然而，擁有外貌的女人比起擁有認知美的女生，反而更不易找到和留住男人。容貌姣好的女性很習於只靠外貌獲取注意，也因此容易只倚賴這方面的特質，而沒有動力強化能帶來長久吸引力的人格特質。她的性格持續維持未開發狀態，畢竟她從不需靠性格吸引他人注意。我常聽到男人抱怨正妹的性格多令人失望，就像看到一輛嶄新發亮的法拉利，卻發現它只搭載了四缸引擎一樣。不論車體多麼流線，沒有高品質的引擎零件，它就沒有價值。

當這種情況發生時，美貌反而成了負擔。

我想再次重申，我並不是說外貌一點意義都沒。絕色美女總能受到許多注意，但只靠外貌，這種吸引力在過了一週、一個月、一年，或甚至一個晚上後就會消失，它無法保證能被轉化成持續不斷的吸引力，一段成功的感情不可能只靠一開始的吸引力維持。

我先前服務的主要對象是男性。剛開始辦研習會時，我問了他們夢中情人的模樣。出乎我意料之外，他們多數並沒有條列出各種外在條件，而是列出一長串和個性、特質有關的清單，反而是期待自己的伴侶有自信、性感、有趣、獨立、照顧人、甜美、關心人、溫暖、充滿活力。當我進一步問他們「那長相呢」時，他們也只粗淺地提出金髮、褐髮、紅髮這類常見回答。這個問題有趣的地方在於，他們一開始的回應和長相一點關係都沒有，而當我繼續要他們提供具體的外貌條件時，他們的態度卻遠不如在回答第一個問題時熱情。

所以啦，當男人說「我喜歡金髮妞」時，妳知道那沒有任何意義。我有個朋友就宣稱自己喜歡金髮妞，但是他交過的六個女朋友中，有五個都是褐髮。怎麼會這樣？因為他膚淺的那一面，以為自己喜歡金髮女生。但是，吸引力是情感性，而非邏輯性的，吸引力是由數以百計，隨時間發生的微小行為、動作所創造，它可以經由學習、練習獲得，同時更可以用來創造妳和對方之間的化學反應。相信我，如果妳開始學習而且相信它，對方一定會發現妳的美麗之處，而且是專屬，只屬於妳的美麗。視覺吸引力來自於內在美，任何戀愛中的男人都會覺得他的女人很美。

②認知挑戰

對於需要賣力獲得的東西，我們會更珍惜，相反地，唾手可得的事物往往較不受人珍視。某些人之所以吸引妳我，往往也是因為我們需要去爭取他們的注意。一個有著高標準的女人能不費吹灰之力就得到男人的注意力，因為她能提供他們非要不可的事物。

一個有高質感的女人看起來總是很有挑戰性，剛認識她的男人不知道她的標準為何，於是會不斷刺探。

我們來看看這個很常見的情境，男人在夜晚將盡時送女人回家。他是男人，正因為他是男人，所以一定會看看有沒有機會上床。如果她是個高質感女人，而且有「不在初次約會就上床」的規則，那麼她就會明白表示這是沒譜的。這並不代表她在擺高姿態和破壞氣氛，她或許會用這種方式表達：「雖然你很可愛，但我沒辦法這麼做，因為我是淑女。」雖然好像是說著玩，但她的確就是這個意思。

因此即使他被拒絕了，還是會深受吸引，因為她不只展現出正直的品格，同時是用有趣、挑逗的方式表達。她沒說絕不可能，只說現在還不到時候。即使她頗受吸引，但仍對自己的原則從一而終。

這種認知挑戰，不應該只限於她會不會讓對方越雷池一步，雖然這確實是認知挑戰最常面臨的狀況。有些女人會在交往初期讓男人苦苦追求，但她們犯了一個錯，就是將性感當成她們唯一的武器。所以可預期的，在她給出自己身體之前，男人都會忙不迭地大獻殷勤；然而，一旦他得到她的身體後，挑戰就結束了，對男人來說，吸引力只存在於玩追逐戰的時候。

不過，如果打情罵俏過了頭，或是在男生表露出興趣前就大肆賣弄性感，表現出不管對方做或不做什麼都可以輕易擁有自己的態度，那麼這樣的女人也可能會被認為沒什麼挑戰性。當男人認為不費吹灰之力就可以獲得妳的注意，不管他說什麼妳都買單，那麼他很快就會對妳失去興趣，因為妳讓他覺得，不管他說或做任何事，不論他多粗魯無禮、多討人厭都沒關係，反正不管怎樣他都能得到妳的注意，那麼他就會漸漸失去對妳的興趣。如果妳想持續吸引對方，就得讓他看到妳擁有高標準，而且絕對會認真遵守。

弔詭的是，如果女人完全不表示興趣，男人也不會認為這是挑戰。坊間有個很受歡迎的約會教戰守則，建議女人擺出自己完全不在乎的樣子。完．全．沒．用。露出毫不感興趣的樣子，反而更可能讓他連注意妳都不注意了。如果妳擺出冷淡、疏離、不友善、難以親近的樣子，男人多半不會想冒著被拒絕的可能接近妳。人只有在可能達成目標的情況下才會願意行動，繼續扮演冰雪女王，絕對能讓屋子裡的每個男人都對妳退避三舍。如果妳想和人建立關係，這可不是件好事。

③自我認知價值

女人如果希望自己不只是場挑戰，那麼自我認知價值會是關鍵因素。一個具有自我認知價值的女性，同時也會有高質感，她能讓男人明白自己的本色。

高質感女性能讓男人看見，她所帶來的體驗，是他自己一人（或從其他女人那）所無法獲得的體驗，**男人之所以願意在一段關係中定下來，終究是因為他明白和這個特別的女人在一起能擁有的滿足，永遠都非單身所能及。**就算給他其他一百個女人，也都無法和在他眼裡如此獨特的她相比。

成為高質感女人可不只是場挑戰，她擁有讓男人都想參一腳的人生。她有熱衷的事物，能夠肯定自我，不需要男人的肯定才能喜歡自己。她能獨立思考、行動，這樣的女性擁有能讓對方盡情探索的世界，這個世界裡有朋友、令人讚嘆的生活經驗和能帶來滿足感的工作，都是他渴望自己的人生也能擁有的。

④ 情感連結

我們先前曾談到情感連結的重要性，它在有意義的談話中扮演了重要角色，從這些談話中會衍生出第一次，甚至其後好幾次的約會。

有了情感連結，他會發現原來和對方一連相處好幾個小時也不厭煩，激情不能取代情感連結，性慾也沒辦法讓他持續好幾年都著迷於妳的個性。當兩人間有情感連結時，就算什麼都不做，只是待在一起或看部電影，都令人興奮，我們純粹享受待在對方身旁的感覺。情感連結讓我們想了解對方的生活、價值觀和標準，所以在某種程度上展現出我們有理解、同理的能力非常重要。

破解欲擒故縱的迷思

就長遠來看，欲擒故縱是吸引異性最糟糕的策略，因為它本質上就只是一個策略。假裝冷漠、不感興趣、裝忙，用這招的女生總是在演戲。她讓自己看起來彷彿稀有動物一般，好讓男生來追她，但當男生終於得手後，會很快失去興趣，開始尋找新的挑戰，因為這種吸引力建築在追逐上頭，而不是妳本身，這就像是拎著一條貓咪搆不著的線，讓貓咪瘋狂地想抓住線頭，但當妳終於把細線垂下時，貓兒也早已失去興致。

如果女人靠追逐的興奮感營造吸引力，最後會發現自己總是吸引到最遲鈍、最黏巴糖似的男人，這種男人，剛好也是那種會為了上床不惜拋棄尊嚴、自尊的人。相反地，知道自己價值，不隨便附合他人的女人知道自己就是挑戰。她對要能參與她生命中的人有著很高的標準，她不需要假造挑戰，就能讓男人為她瘋狂，男生也知道自己得多加油才能留住她。

不僅如此，這樣的女人也能跟對方溝通自己的價值觀，同時仍舊展現出對對方的興趣。和對方溝通價值觀，並不代表妳在玩欲擒故縱的遊戲，而是讓對方知道，他得給予最多的尊重，並且願意投資時間、精力在妳身上，才能追到妳。

當一個高質感的女人選擇某個人時，他會深受吸引，這剛好打中每個男人都想要擁有這種贏得夢中情人的感受，自己一定有些特別之處，所以她才會選擇自己，而非其他男人。

總之，重點就是，**男生喜歡去追其他人無法追到手的女生，而不是一個他無法追到的女生。**

實際運用吸引力公式

有些人確實天生較為擅長吸引力公式中的某些項目。有些人可能很懂得如何展露性感，所以自然能毫無困難地創造出視覺吸引力和認知挑戰，然而，她可能很拙於創造情感連結。她能讓每件事都看起來很火熱、性感、直接，雖然她能點燃男人肉體的慾望，但卻無法讓對方對自己的日常生活產生興趣。

另一種女人可能很擅長表露個人價值觀和創造情感連結，或許能讓六個男人真心喜愛她，但卻只是對自己姊妹的那種喜歡。如果談到視覺吸引力和認知挑戰，可就難倒她了。

當這些特質被同時和諧運用時，就能創造出最強效的組合。不同的女人擁有的特質程度、輕重都不一樣，這沒有什麼關係，正是這種個體差異性使妳與眾不同。話雖如此，我們還是有必要察覺這些重要的人格特質，並且學習如何利用它們。

關於愛情，馬修這麼說：

或許大家很容易把戀愛與結婚對象視為兩件事，但是一對情侶間能存在著下列的公式，戀愛對象與結婚對象就容易是一致的。

視覺吸引力＋認知挑戰＋自我認知價值＋情感連結＝深入且持續的吸引力

11 請自豪於妳的不完美

我們先前曾談過不安全感這件事，但我認為在另一種情境裡再討論一次相當重要。理解吸引力的終極公式是一回事，真正接受它也能適用在自己身上是另一回事。有一次，當我在研習會上說，每個女人都可以吸引到天菜時，有一個女生大聲地笑了出來。

我知道要丟掉不安全感是個挑戰，妳總是擔心某部分的自己不夠好，不論是身體上的，諸如體型、身高、不完美的齒列、微彎的鼻子、形狀奇特的耳朵、大腿、膝蓋、那道傷疤、這個胎記、那顆痣等等，或甚至是妳的出身背景、教育水準、健康紀錄或各式各樣的人生經歷等等（沒錯，男生也會煩惱這些事的）。

還在唸書時，我喜歡的女生曾給一個我完全不需要的建議：「你笑的時候看起來真的很醜！」當時我才剛讀完一本和肢體語言有關的書，裡頭宣稱微笑能讓人更好看，看了書以後的我一直試著這麼做，希望讓自己看起來更友善、容易親近。所以我還記得聽到她這麼說時那痛入心扉的感覺。

但就是這種痛苦（因為我真的很喜歡她），讓我學到了寶貴的一課：一個人的意見並不代表全世界。如果妳不能明白這點，就會讓一個不體貼、傷人的評論跟著妳好多年。它就像是個發膿、潰爛的傷口，而妳根據別人不假思索發表，或甚至某個性格惡劣，根本沒意識到自己說的話可能深深傷害妳的人的評論，發展出一套看待自己的根深蒂固見解。

確實，很多人直到今天仍帶著這股不安全感生活，而它的源頭就是多年前某個人愚蠢的言論。人們總有這種糟糕的傾向，只專注在批評和那些對我們說難聽話、用負面態度對待我們的人上面。我們無法控制其他人回應的方式，但卻可以控制自己的反應。

對付不安全感的黃金守則

關於人際關係動力學，妳該學習最重要的一課就是，第一反應不算數，因為它們一點都不重要。人們對妳的第一反應通常會受三件事影響：

1. 他們過去的信念系統和經驗：但是，這些事和妳完全沒有關係（可能他們的前女友留著一樣的髮型，或妳讓他們想到大學時代很討厭的老師……，基本上什麼都有可能）。

2. 他們現在的心情：他們今天過得好不好？不順的一天會讓人很容易就拒妳於千里之外。

3. 妳。

所以，妳只是影響人們反應的三種因素之一而已。既然沒有辦法知道或衡量這些標準何時適用，那麼最好的方法就是根本別理它。真正重要的，是妳怎麼回應。

假設妳有一百八十公分高好了，妳一直對比大部分男人都高感到很不自在。下次當有人對妳說「天哪，你好高喔」時，與其覺得不自在和抱歉，妳可以選擇用怡然自得和自信的態度，充滿驕傲地回應，「我知道，很棒對不對！從上面什麼都看得一清二楚呢！」當對方看到妳不受評論影響，他就能正面看待這個原本可能負面的特質。

當我們自豪於自己的不完美，不安全感就失去控制我們的能力了。

每個人都有包袱，但它們一點也不重要

我們活越久，人生就越豐富。有時候，我們能夠說服自己相信，過去最後終將成為人生的一部分。因為正是這些過去的經歷，讓我們成為今日的自己。正是這些過去的經驗創造出性格的深度，唯一會造成遺憾和讓走岔路的是內心的怨懟，至於其他，不過只是人生必經。

① 年齡並不重要

沒有所謂「完美的年齡」這種事。二十一歲時，妳擔心三十歲的男人會嫌妳青澀、沒經驗、不成熟。四十一歲的時候，妳又擔心男人看妳已經青春不再。然而現實是，當我們談到吸引力時，年齡很少是問題。

記住，吸引力是情緒性，而非邏輯性的玩意兒。有些男人會說自己只喜歡年輕或年長的女性，但他們想要什麼根本不重要。我就看過很多男人娶的老婆根本就不在他們理想的年齡區間。

不管年紀多大，我們都需要學著將年齡視為強項。不論年紀，它都能成為優

勢。如果妳年方二十一，覺得自己不成熟、不懂人情世故，那就主打自己的好奇心，讓對方帶妳看看這世界並且陪妳成長。如果妳年紀較長，那就改打另外兩張牌，妳對這世界和人生（對了，還有性愛）的認識已有相當成熟度，是對方在年紀較輕的女人身上找不到的，同時，妳還是可以展現出年輕化的特質，比如愛玩、冒險等等。這是兩種不同特質強力且性感的結合。男人並不是被年輕女生，而是被「年輕的感覺」吸引。年輕不在於我們是什麼，而在於我們做什麼。

我二十來歲時曾和一個三十歲後段班的女人交往，在我們開始約會前，她對我的態度大概像是這樣：「別又來一個年輕蠢男了吧！你們這樣前仆後繼地來，我都不知道該怎麼辦了。」後來當我終於成功引起她的注意力時，她半調侃地跟我說：「我不太確定你掌握得住我呢！」其實她並不是我平常會喜歡的型，但因為她正面看待自己的年齡，反而讓她顯得很有魅力。她讓我確信自己搞不好還配不上她，好個大逆轉的劇本！

②妳過去的感情也不重要

或許妳過去有過許多不成功的戀情，或許妳曾和一個人交往了一兩年，但因為某些理由，兩人分道揚鑣。或許妳結過婚又離了婚，搞不好還不只一次。

男人對女人過去感情在意的程度，遠比女人所以為的還少。比起來，優質的男人更在意妳的過去是怎麼讓妳成長、妳未來會往何處去。他們真正不喜歡的，是妳那些充滿怨恨或嗤之以鼻的態度，這無異於在說，妳還沒從那段感情或那個人身上走出來。最重要的，是用充滿希望、樂觀的態度繼續前進。對才認識的他來說，妳偷吃的前男友，都還不及妳不斷抱怨所有男人都是騙子來得更讓他在意。

把過去留在過去。害怕搞砸或受傷，反而會讓我們動彈不得，更會扼殺一段新戀情。

③ 妳是單親媽媽也不重要

很多女生會抬出各種數據和令人沮喪的小故事，告訴我有很多膚淺的男生一聽到她們單親媽媽，就立刻光速閃人。我不否認這種男人的確存在。但記住，數字對個人是沒有意義的。妳只需要遇到一個覺得妳超棒的好男人，他才不管妳在家裡煮起司通心麵給誰吃呢！更何況，妳何必對這種不懂欣賞妳孩子多棒的男人動情，他根本不知道身為母親的妳，能為你們的情感連結增添多少深度呢！

我在洛杉磯指導過一場研習會，如同以往，學員們晚上出去認識男人，練習白天學習到的各種技巧。其中一位學員雖然是單親媽媽，但她並沒有浪費時間擔心男人不想和帶著孩子的媽媽約會，而是善用狀況和他們調情。我聽到她跟一個人說：「你的酒窩看起來跟我女兒的好像，好可愛喔！」她完全不被影響，自在談論自己的孩子，而且是以一種完全正面、開放的態度提及，這麼一來，對方根本沒有任何發表負面回應的機會。她的確是單親媽媽，但和她在一起很有趣，她還是很性感、成功，是個有自己生活的人。她的態度就像是在說，如果你夠幸運的話或許可以參一腳在我的生活裡！

有時候我們會被並不符合心中完美伴侶標準的人吸引，這是因為他們展現出某些特質，讓他們看起來很有魅力、打破刻板形象。出現這種情況時（事實上也真的很常發生），所有先入為主、理想對象應該要怎樣的想法，就會立刻被拋到九霄雲外去。在那當下，妳唯一能感受到的就是那股吸引力。吸引力本身就有這種超越既定特質的力量。

關於不完美的真相

情人眼裡出西施。如果我們對自己的不完美處之泰然，視它們為構成「我」的一部分，那麼對方也會用同樣的方式看待。一旦他被妳吸引，妳的那些不完美不只無關緊要，反而會成為他珍惜的地方。

男人和女人在某方面很相似，我們都在尋找擁有獨特特質，和別人截然不同的那個人。當男人找到這麼一個女人時，那些膚淺的不完美之處便無關緊要。不會有男人遇見一個讓他完全融化的女人時，還會想著，「哇，她真完美，但要是屁股小一點，牙齒整齊一點就會更好了！」不，他們會說，「好吧，沒關係啦！別管它們了。」

我們都認識一些就客觀條件來看其實稱不上漂亮的人，但她不管到哪去都能hold住整場。在派對上，她被想爭取她注意力的人群團團包圍，每個人都喜歡和她在一起，也想獲得她的青睞。她充滿魅力，能讓人哈哈大笑。自在展現自我，不害怕掌控局面，能讓身邊的人如沐春風。她泰然自若，人們不是因為外貌，而是因為她充滿領袖魅力才注意到她。領袖魅力是上面提到的各種特質的總和，當它們被獨特地結合時，便創造出專屬於妳的吸引力特調。

關於愛情，馬修這麼說：

社會價值觀讓女性有不少包袱，與其說別讓這些成為妳的障礙，放大格局來說，如何擁抱這些不完美，好好地過生活，活出精采的樣子。不管是誰，都會被妳吸引！

12 創造完美約會的藝術

在本書前面的部分中，我想我已經清楚表明了對正式約會的立場，我認為晚餐加電影甚至不該被稱為「約會」，我更喜歡稱之為「碰個面」，就是「我要和在表妹生日派對上認識的那個男生見個面」這種的。

晚餐＋電影行不通，因為……

我們得停止再把約會看成某件大事了。盛裝出席，花上一整晚進行彷彿無止無境的老掉牙活動，諸如一起喝個什麼、吃晚餐、看電影等等。

我並不反對約會中出現吃吃喝喝和看電影這類活動，但我們需要換個比較輕鬆的思維。這種老套又正經八百晚餐約會的缺點實在是太多了，可是大家還是不斷採用這個方法，這著實令我大感意外。

這種標準型正式約會之所以行不通的原因有很多：

① 它太單調

在初次約會時，妳想要設法讓對方看到自己不同於他人之處。行禮如儀的晚餐約會就無法保證能讓對方留下任何記憶點。畢竟這種約會方式每人都在用稱不上特別，妳得讓他知道，妳和別人不一樣。

當然，很有可能提出這個爛點子的人是他。如果是這樣，妳可以挑戰對方，請他有點創意，幫他找回想像力。妳可以跟他說，最近真的很認真工作，想要一些不落俗套，但不一定得是很複雜的東西。比如說，妳可以建議一起沿著河畔散步，或去哈雷機車店賞車，甚至，也可以打蛇隨棍上，給他下個有些好玩的戰帖：「如果你有什麼好點子，也可以跟我說喔！」妳可以利用這個機會稍微讓他了解妳的標準，妳可不是隨便用制式地喝飲料加吃晚餐約會就能輕易打發的那種女人。

或者，妳也可以邀請對方一起參加妳本來就打算要去的活動，「我和朋友明天要去一個展覽，你也一起來啊！」雖然他是想和妳約會，但不妨給他另個更好的選擇，讓他和妳一起做妳想做的事。別擔心他會因為提議不被採納而有被拒絕的感覺。妳並沒有拒絕和他約會，而是向他展現自己是一個有高質感、自信的女人，能夠表達自己的喜好和想做的事。況且，大多數的男人之所以提議晚餐約會，只是因為他們很懶，而且覺得這是一張安全牌。妳給他踢個一下，也是讓他知道，老兄，你得再努力點！

② 它讓妳不太有機會展現最佳一面

這種正式的晚餐約會，通常妳得穿上自己並不習慣的「楚楚衣冠」，然後，兩人還得面對面坐著，試著好好聊天。這種相對位置，營造出一種可怕氣氛，讓人聯想到工作面試，兩人你來我往地來回面試時會被問到的各種問題，然後再為彼此的表現評分。不只這樣，你們並不會有太多機會表現能增加自身價值的行為。就算是拿著冰淇淋甜筒一起去公園散步，都比這樣兩相對坐更有機會展現隨興的面貌，同時也更能分享自己較有吸引力的那一面。

③ 它讓人失去肢體接觸的機會

坐在男人的對面，會讓他很不容易觸碰到妳，如此一來，也連帶殺死了營造化學反應、情感連結的其中一種方式。這也是為什麼你們兩個都會在約會結束時都會覺得怪怪的，更不用說，你們也不確定到底該不該下一步。如果兩個人在約會過程中，沒有自在、自然地稍微有些肢體接觸，那麼接吻這件事，就變得好像得一下從零加速到一百公里一樣。一場好的約會應該要像這樣：肢體上的親密程度隨著約會進行慢慢加溫，到了最後，接吻就是一件自然而然的事了。

④ 它毫無彈性

晚餐約會一般來說都得花上好幾個小時，或長或短，端視整頓飯的步調決定。在第一道菜上桌後，不管狀況多糟都不太可能喊停。就算一切進行得都還算順利，你們還是會受限於一種呆滯，而非充滿動態的互動模式。在帳單送來以前，妳都會像是被囚禁的囚犯一樣。

一場約會成功與否，絕對和兩人花多少時間相處完全沒有關係。一場美好的約會可以是上班前二十分鐘的一頓早餐；或是整整十小時，先從野餐開始，一路到晚上一起看星星作為結尾。真正重要的是妳在約會過程中感受到的化學反應。妳會希望約會結束後意猶未盡，而不是好不容易通過一場耐力考驗。一起做些兩人都可以投入，同時也超乎常軌的事，最能讓兩方探查出彼此之間是否有值得投注精力的性化學反應。

妳的生活就是完美的約會

許多人的目標是只想撐過初次約會就好。這有點像搭飛機時遇上亂流，我們會祈禱，「拜託讓我平安度過，拜託讓我平安度過」。我們千方百計想躲過一場慘烈的約會，卻不把目標設定為一場很棒的約會。

當妳擁有充實的生活型態，同時讓這樣的生活成為妳內涵的重要組成，妳就不需要絞盡腦汁才能想出初次約會該去哪。妳的口袋中早就準備好許多有趣的活動和社交場合，只需要邀請他一起加入就行了。

妳可以邀他一起加入妳的日常歡樂時光，在認識朋友之餘，還能讓他見識一下妳成為整間屋子裡最受歡迎人物的樣子。如果你們都喜歡品酒，那就邀請他一起去妳原本計畫好要在下週參加的品酒會吧；如果你們剛好都喜歡藝術，那也可以和他聊聊妳打算去看的那場展覽，順便邀他一起前往。

所謂的約會，並不見得一定要兩人單獨在充滿壓力，一對一的環境之下進行；它可以是一個契機，讓對方進入妳的世界，看看事情會如何進展。用這種方式約會，妳不但可以更自然和他互動，同時還能觀察他和妳朋友處得如何、他能否學習和妳同樂；還能藉機了解和他一起過日常生活的樣子會是如何。

約會不需要是一個煞有其事、排場盛大、遠離日常又耗費時間的活動。那些來參加研習會，說自己沒時間約會的女生，顯然意思並不是說她們連談戀愛的時間都沒有，而是說她們並沒有每週或每隔一週就來場耗費心神的豪華約會，通常，在這類約會的前幾天她們就開始擔心餐廳夠不夠完美，為該說什麼感到壓力山大，然後約會當天她們還得花上一個半小時決定該穿什麼並且化妝。

當我們願意採取較輕鬆的心態時，要想像自己約會就容易多了。如果妳才剛度過忙碌、充滿壓力的一週，那一定不想耗費一整晚只為了這麼場約會，既然這樣，就別這麼做！記住，長時間的約會並不代表品質也更好。約會的唯一目的是和對方建立連結、看看自己是否會想花更多時間在他身上，以及他是否符合妳的標準。

那麼，哪些地方最有可能發生完美的約會呢？動物園、藝廊、美食節、一起騎腳踏車或健行、在沙灘上放風箏、在公園野餐，或是，參觀一些妳一直想去，本地的觀光客景點：想想看妳有沒有去過一〇一觀景樓？最重要的並不是去哪或做什麼，而是選擇一個最能創造出充滿回憶的約會的場景。約會應該要是能讓對方預見和妳一起過生活會多麼有趣和充滿魅力的一件事。

如果由他主導……

有時候，妳喜歡的人剛好是個計畫縝密的男人，妳完全無法說服他放棄喝一杯＋吃晚餐＋看電影的約會套裝行程。既然妳無法改變既定事實，那麼請使用第一單元裡面我們學到的技巧，盡可能創造出一段美好的談話。不過，如果頭幾次約會進行得順利，那麼總有一次（假以時日），說不定這個喜歡安排一切的男人，也會愛上讓女生負責安排約會、來些新點子的想法呢！

假如某週妳特別忙，沒時間全套約會，也可以在週間傳個訊息給他：「聽著，我這週真是忙得昏天暗地，想說還是能聯絡一下。你覺得下班後一起去我公司附近一間店吃冰淇淋怎樣？你一定得試試它的海鹽焦糖聖代！」這樣一來，雖然是妳安排約會，但卻不至於讓對方大驚小怪，因為那間店確實有很好吃的冰淇淋，妳不過是順水推舟而已。更棒的是，這場約會會非常輕鬆，而且絕對不會超過三十分鐘，還是利用妳已經下班準備回家的這段時間。我們得把約會變成一種生活方式，而不是某件完全脫離日常的事。

完美約會守則

不管哪種類型的約會，最重要的並不是地點，而是你們到底在那兒做什麼。

① 約會不是面試，而是找到情感連結

我們先前已經談過擁有開啟、維持一場有趣、有活力對話的能力有多重要。約會的重點向來都是找價值而非事實。

假設你們約會的地點是畫廊，那麼你們自然而然就會討論起眼前的作品，，這同時也是和對方加深連結的絕佳機會。妳可以這麼問：「你會想當一個偉大的音樂家，還是畫家或作家？」不管他答案為何，妳都可以追問原因，他的回答能讓妳更認識他和他的價值觀。

如果妳的問題聽起來有點無厘頭，那也很好，就是這種內容能為約會留下記憶點。**好的談話沒那麼難，只要能交換彼此的想法、感受，表露出自己和不同於其他人的一面就行了。**

好聊的人能讓他人敞開心胸，談論對他們有意義的事。這種不按牌理、推論

式、半真半假的問題，能讓我們看見對方最真實的面貌。問男生「你的工作是什麼」，絕不比問他「你為什麼喜歡這份工作」更能獲得有意義的資訊。

比起困於禮貌的閒聊，這方法的優勢在於能更快找出妳真正想知道和這人有關的訊息。不只如此，對方也能更快在妳面前做自己，並且更快被妳吸引。問一些真的有點讓人不好意思的問題，比如：「你最奇怪的地方是什麼」、「你偷偷暗戀哪個影星」等，讓他能夠自在、大笑，遠比裝酷來得更重要。與其躲躲藏藏，裝成好好先生的樣子，其實每個男生暗地裡都期待某個特別的人進入他的祕密小世界。成為那個能讓他自在接受真我的女孩吧！

② 製造情感「高潮」

我們投入多少情感，也是一場約會是否令人回味無窮的關鍵之一。

完美的約會應該會讓妳覺得彷彿在進行一場小型冒險。藉由營造有趣的期待，讓對方迫不及待想趕快和妳約會，比如跟他說：「如果你不想吃這家的甜點，我們乾脆就一刀兩斷好了！」假設你們約會的地點是動物園，妳可以表現出需要他的保護說：「我真的很怕有鱗片的動物，你要保證你會赤手幫我打退鱷魚，不然就別來。」你已經為約會定下「他得保護你」的調，事後你也可以再提起這件事調侃他：「我希望你有帶麻醉槍，因為那隻鱷魚剛才看我的眼神很詭異，我可能得躲在你後面」。這類舉止蠢歸蠢但是很有趣，讓你們可以互開玩笑、碰觸彼此，同時也炒熱氣氛。

另一種創造情感「高潮」的難忘約會的辦法，是兩個人一起嘗試新東西：一起去沒去過的地方滑雪、一起上獨木舟課、報名爵士舞初學班或義大利文課等等，總之就是那些需要比一起吃晚餐或坐著看電影投入更多心力的事。

對了，我熱愛電影，我曾有過幾次很棒的約會，都是在家裡看電影，但在一段關係剛開始時，妳的目標是要讓對方為了妳魂牽夢縈。並肩坐在電影院裡，雖然也能讓你們共享一些尷尬牽手的時光，但卻無法提供太多創造情感連結的機會，也不容易讓你們輕易地碰觸到彼此，或製造出性張力、彼此笑鬧和展露妳不同的一面與生活方式，這完全讓我們沒辦法去做能讓別人留下深刻印象的那些事。

③約會應該有「節奏」

如果你們的約會長達好幾個小時，那麼試著切換幾種不同的活動。在公園散個步，接著去咖啡店小坐一會兒，然後去博物館的那個新展晃晃，最後再找個地方打打撞球。這種約會能留下較深刻的記憶，因為步調不斷轉換，有時較緩慢、親密，有時候又較快速、刺激。

不同類型的約會讓我們能展露性格的各種面貌，比起每週五都去相同的酒吧點一樣的酒喝、再去同一間餐廳吃飯，多樣化的行程能讓我們和彼此更靠近。

在某次約會時，妳表現出自己圓滑世故的一面；再一次約會，則展現出妳善於社交而且擁有很棒的朋友；而另一次約會可能相當刺激，展現出妳的隨興。約會的目的，除了發掘對方是否符合標準之外，更是要讓對方知道，在各種不同情境下，妳都能和他一起生活並且對此感到自在。最有趣的地方是，當他覺得已經把妳摸得清清楚楚時，突然間妳又讓他看到另一個不同面貌的自己。

④ 讓他渴望成為妳生活的一部分

我之所以不喜歡照本宣科的約會模式，還有另一個原因，因為這種模式會讓我們看起來毫不特別。當男生深受某個女人吸引時，事實上不只是受「她」這個人吸引，而是同時也傾慕於她生活的樣貌，並想成為其中的一份子。

願意多花心思在你們相處的時間上，妳就是藉此傳達出自己就是一個願意花心思在生活其他層面的人。這又再一次證明妳為何需要過一個自己也能珍惜、享受的生活。不管妳現在的生活中有沒有另一個人，都可以走出家門去做那些妳享受在其中的事。當然，這也能吸引那些認同妳的人。

⑤展現最棒的自己

初次約會並不適合讓妳無病呻吟或抱怨過去，現在這個和妳在公園散步的男人可還沒做出什麼對不起妳的事。我們必須帶著一個和過去和解的態度開始新的約會，過去發生的事木已成舟，不論在此刻之前，妳遭遇過什麼不好的經驗，現在都將它們拋在腦後吧！

就算妳今天過得很糟，工作壓力很大、心情不好，在見到約會對象前都請暫且放下。當然啦，除非妳有某種能把負面的事情轉變成喜劇場面的特殊天份，自然另當別論。問問自己，「現在有什麼值得我興奮的事？」不需要是很大的事，或許只需要是美好落日或正在變色的葉子就夠了。

全天下有吸引力的人都有個共通點，他們看起來似乎都擁有某個目標。我們現在正約會的對象，有可能成為未來生活的一部分，就這點來看，真正重要的問題就只有一個了：那個有他的未來吸引妳嗎？

男人都在注意

在前面幾章我已經提供了充分的理由，告訴妳男生通常根本不知道自己該幹嘛。雖然多數的男人一天到晚都在看能否找到願意和他上床的女人，但事實上，他們壓根就不寄望會有女人對他們有興趣。他們和朋友在酒吧裡廝混，喝啤酒、玩飛鏢，根本不知道妳到底有沒有在打量他。搞不好妳只是在看時間而已。

話雖如此，一旦妳開始和他約會，他可就注意起每件事了。

他會留意妳如何對待朋友，妳是否會在背後說人閒話，他試著找出蛛絲馬跡，看妳是否很容易驚慌，或當他開始調侃妳時，妳是不是一下就露出不知所措的樣子。他會注意妳是否對自己的性感充滿自信，是否相信自己的價值，也會留心妳是否很膚淺，他期望看到妳的價值觀為何。

如果妳喝得酩酊大醉讓自己出醜，或粗魯無禮地對待服務生，他會看在眼裡。妳會和其他男人調情，或運用女性魅力謀取所需？會因為一點小事就小題大作嗎？

妳是否易怒、情緒化，當妳心情不好時，是不是很難哄妳開心？

不論有沒有意識到，他確實都在評估妳。女人一直被灌輸這個迷思，認為男人在初次約會時從不會去思考這段關係有無發展性，他們只想享受這段時間然後看看有沒有機會上床（他們確實也是這樣，下一章我們會更多談到這部分）。

事實是，男生的心路歷程跟妳完全一樣。基本上，他們滿快就會把女生分門別類。在初次約會結束前，他們就會知道妳是否只是一個，在那個讓他真正為之瘋狂的女人出現前，先和他約約會塾檔的女生，或只是個他想上床的對象。他也能很快知道，妳是不是他想帶回家給家人認識的女生。

他比妳以為的還快想像這些事：她和我媽、姊妹、兄弟、表親、死黨們處得來嗎？她能和我親近的人融洽相處嗎？如果我帶她一起參加派對，她會一整晚都黏在我旁邊，還是我可以看著她迷倒整屋的人？

電視劇《廣告狂人》（*Mad Man*）裡有一幕，剛好捕捉到這個絕妙瞬間。主角唐・卓普（Don Draper）到洛杉磯出差，他的小孩和祕書梅根同行，梅根負責在他工作時替他照顧小孩。某晚，他們一起在餐廳吃飯，其中一個小孩打翻了奶昔，唐立刻挺直身子，眼睛透出一絲恐慌。如果是他的前妻貝蒂，這時早開始大發脾氣、大吼大叫，她會完全毀掉這個晚上。梅根卻不是這樣，她忙不迭地拿起一些餐巾紙，一臉見怪不怪的樣子開始收拾殘局。當她看到唐一臉驚恐時，對他說：「只是翻倒東西而已，沒什麼大不了的。」這一刻，唐就愛上她了。

這就是為什麼妳得在約會時擺出自己最好的一面。永遠都如此。就算妳這天過得不順、緊繃，但如果妳讓這些壞情緒抓住，那麼他就會認為，就長遠來看，妳是個得花很多功夫的對象。妳得留意自己如何應對，妳一定知道自己不總是心情惡劣，但他卻可能武斷地認為妳平常一定也是這樣。

喔對了，前幾次約會同時也是個留意和他相關的每件小事的好機會。他有多願意將妳納入他的生活中？如果遲到了，他是好好道歉或是彷彿沒事般？他會在小事上撒謊嗎？如果他不怎麼有興趣認識妳，也沒試著讓妳留下好印象，或表達出任何希望妳參與在他生活中的意願，這都是他不打算認真投資這段感情的跡象。這些小地方最後都會加總起來，所以妳絕不該在初期就忽視它們。如果他做了一些妳不認同的事，直接挑明了問他，告訴他妳有不同看法，妳細心的觀察會讓他更尊敬妳。

我們一定要擁有富足的心態。如果他不符合妳的標準，妳要相信其他地方還有一千個符合標準的男人。妳赴約，是為了一探究竟他到底是不是妳在尋找的那個人。在約會時展現出最棒的自己，讓妳站穩了選擇者的立場，而且更讓妳成為他正尋找的那個她。

關於愛情，馬修這麼說：

與對方約會絕對不是代表就是這個人了，但也不代表妳不該全力以赴。第一次約會別再是電影加晚餐這種制式的約會，要做些展現妳個人魅力的事情，會讓他留下深刻印象。

13 談「性」時間（上）

當我剛開始舉辦女士週時，參加者並不多，有時甚至只有一組八人。我們圍繞著狹小會議室裡的白板而坐，而我會盡力避談性愛這部分。我並不是假高尚，只是覺得小心為上，因為我可不想冒犯到房間裡任何一個人。我的角色本來就已經夠不尋常了，看到自己出現在晨間電視節目裡，旁邊打上「約會教練」的頭銜，還親眼看到我媽扭捏地試著跟朋友解釋大兒子現在是靠什麼賺錢維生。我最不希望看到自己被人標上「性愛大師」的稱號。

有這麼一段時間，我遵循著老套的晚宴守則，聊天時絕對遠避三大話題：宗教、政治和性。但我卻很難不覺得，這對我的學員實在不公平；畢竟我已經承諾她們會完全公開男生在想什麼、想要什麼，既然如此，我豈可避性而不談？尤其男人無時無刻所思所想都是性，沒錯，無時無刻。有一個老掉牙的笑話倒挺好地點出了這個現象，女人若想認真和男人聊天，那只有做愛後的那五分鐘可以，因為只有這時他才不想上床。

我該什麼時候和他發生關係？

根據我的經驗，當談到約會、交往時，最常被提出，次數高居不下的一個問題就是，**該等多久才可以上床？**

大部分我認識的女人似乎對「約會三次後再上床」的規則很買帳，它背後的想法依據大概是這樣：「如果我等到約會三次後才發生關係，他會知道我和其他那些隨便的浪蕩女不一樣，這麼一來他會了解我是那種他得認真起來才追得到手的女人。」這個理論聽起來好像頗合邏輯，但充其量只能說是又一個失焦的規矩。我認識有些男生，即使他們願意等到第三次約會才上床，卻還是不肯做出任何承諾。

問題不只在於妳打算讓他等多久才發生關係，讓他苦等多時又得不到，反而讓你們遠離了建立真實情感連結的常軌，進入一場無意義且無止境的遊戲。

我個人的準則是，妳不應該設定第一次見面就上床的策略（但我的意思也不是初次約會絕不可以上床），但我之所以有所保留，和妳讓他等得不夠久一點關係都沒有。在性事上吊男人胃口，可絕不是讓他對妳保持興趣的方法。

情感觸點

一般的男生出門約會時，某一部分的他總希望約會結束後可以發生關係，因為男人的出廠預設值就是這樣。如果他決定和妳約會，意思就是說妳對他有化學作用，而如果他覺得妳有視覺吸引力，那麼他就會想和妳上床。這和他是好人或壞人沒關係，事實就是如此。

女性常有一種錯誤認知，認為男人有兩種：一種是對妳的本質有興趣的好男人，另一種就是只想上床的玩咖，然而，這種二分法根本不存在。所謂的玩咖，只不過是比較坦白地表達出意圖，而所謂的好男人，不過是在玩一場比較耗時間的遊戲，到頭來，他還是想帶妳回家上他的床。

簡單說，男人知道他們不見得總能回到本壘，但他們一定會抱持著期待。儘管如此，「男生只想上床」這樣的想法也只對了一部分。男人的確有肉體慾望，但性卻不是他們唯一想要的事。事實上，男人跟女人一樣，都想在情感面上和對方更深刻連結。男生被妳的個性吸引，開始喜歡和妳相處，視妳為某個特別的存在，想要妳走進他的生活，或甚至共度一生，這都是因為你們建立了情感上的連結。性，只是更加深這個連結的方法之一而已。

你們約會了兩次、五次，他見過你爸媽、死黨了沒，他每次見面時都一直試圖給妳壓力，要妳和他發生關係，這些都不重要。**只有當彼此之間建立了情感連結後，性才該粉墨登場**。我喜歡稱這時的情感連結為「情感觸點」。

當男生達到情感觸點時，他和朋友看電影時想到的都是妳。一下班就想打給妳，就算麻煩得要命，他也不會嫌遠，總會想辦法到妳家附近閒晃。他睡前會想著妳在幹麼，通常也就是在這一個模門特，男人才會驚覺，天啊！我想我愛上這個女孩了！這對男生來說可是個驚嚇的一瞬間，特別如果他很享受逍遙自在的單身生活。他徹徹底底地上鉤了！

這種情感連結是從兩人共享的經驗中創造出來的，不只靠幾次的約會，而是兩人要一起去做某些能讓彼此投入、增加情感的事。這些經驗多強烈，彼此的對話有多深刻，才是重點所在。

這也是為什麼能讓雙方有意義互動的約會，遠勝過一成不變的晚餐約會，後者讓雙方不太有機會產生有意義的連結，也是為什麼你們的約會應該要能讓兩人共享一段新體驗，或一起去做一件對兩個人來說都有真實意義的事（或藉著一起做這件事而產生連結）。

妳和他一起度過的時間越具意義，你們一起擁有的經驗越多樣化，他就越容易達到情感觸點。然而，情感連結不只是時間的產物，時間或許有些幫助，但僅是花時間相處還不足以創造出情感連結。

這也正是為什麼假日戀情這麼有威力。你們在一段很密集的時間裡，一起擁有感受強烈的共同經驗。兩人通常遠離了熟悉環境，所以共享的這些新體驗，不但刺激，甚至充滿冒險、異於平常。不只這樣，渡假時的外在環境會讓人更開放，也就是說，讓人容易更快達到情感上鉤點。

在了解如何創造情感連結之前，我們得先知道哪些事情並無助於建立感情連結：

① 激情不是情感觸點

妳可不想搞混「想撕爛彼此的衣服」和「達到情感觸點」這兩件事。對妳來說，性可能是帶著情感的，但男人可以一方面大量受到肉體吸引，同時心中情感卻很抽離。對男人來說，肉體激情並無法成為判斷妳對他的吸引力能否持久的指標。

②妳真的很喜歡他，這也不是情感觸點

當妳很喜歡一個人時，千萬別擅自假設對方對妳也有相同的情感，因為，他很可能沒有。對單戀的人來說，這個忠告也很合用。這種假設會讓妳誤入一廂情願的情況，我們深受某人吸引，但對他來說卻不是這麼一回事。如果妳發現自己不停對朋友抱怨他為何總是很忙、沒時間見面，或你們的關係似乎停滯不前，那麼很有可能是因為妳將愛他愛得死去活來的濃烈感受，誤以為是兩情相悅的情感連結，但事實上，它根本就（還）不存在。

③性愛也不是情感觸點

很常見的一個情況是，既然男生苦苦哀求只為和妳翻雲覆雨，許多女人就認為答應和他上床是創造出情感觸點的方法之一。對女人的大腦來說，這或許挺合乎邏輯，然而性對男人的作用力並不同，他們並不會因為性需求獲得滿足而願意建立長期、持續的感情。即使是一個個性非常好的男人，還是可以不帶感情地和女人上床。

如果男人和與他床伴之間，並不存在任何情感連結，那麼對他來說，把性和行為切開是再簡單不過的事了。他可能真心地喜歡和他上床的這個人，但卻仍舊把她視為逃離生活現實、工作、賺錢壓力的一場歡愉邂逅。

如果性來得太快、太容易，那麼男人既不會有意願，也不覺得有責任投資更多精力去認識妳，或和妳更深入交往；聚焦於性慾那一部分的他綁架了整個腦袋，於是對現在的他來說，唯一任務就是誘惑妳上床，而不是試著更多和妳連結。當性成了他的焦點所在時，妳要展現自己的性格就更有挑戰性了，甚至，這也讓你們更難建立情感連結。

關於性，男人也有焦慮

我有點擔心我描繪出的男性心理看起來不怎麼美觀，我把他們講得比狗好一點而已，一副只要妳給他們一點性愛的甜頭，他們就毫無能力注意除了性之外的任何事了。但事實上，事情不是那麼簡單。即使是最善良、充滿憐憫心，家裡有三個他疼愛有加的姊妹，又打從心底珍惜女性的男人，還是會想藉由性尋求肯定。男人自尊心的程度，有大半都來自於他在性方面多有魅力、多令人渴求。在原始本能層面，沒人任何其他事物讓他更渴望獲得，因為這能讓他更像個男人。

然而，這種想在性方面獲得肯定的感受，並不是只靠性行為就能獲得。「上床」這檔子事和這個行為本身沒有太大關聯，這是個記號，顯示出他最根本的慾望，想要被選上的慾望被滿足了。她明明可以挑選屋子裡任何一個男人，卻獨獨選了他，這，才真正讓他覺得被認可。

每個男人背地裡都想擁有這種「只有他才可以和妳上床」的感受。屋子裡其他男人都沒有機會得到妳。我知道這聽起來有點刷存在感，但事實是，當討論到在性方面被認可這件事時，男人就是這麼需要存在感。他想要覺得是自己在某個地方讓妳按下了按鈕，他相信是自己撩撥了妳，於是妳選擇他而不是其他男人。

如果妳只從本書裡學到一件事，那我希望是這個：男人珍惜靠自己爭取來的肢體接觸。不費吹灰之力就得到的肢體接觸，並不能為男人帶來性認可，因為，男人一直焦慮於「自己的女人其實誰都可以得到」的想法，這也是很多男人會輕視他們認為放蕩、隨便的女人的原因之一。當男人想著「我剛剛做的這件事，其他人也做得到」時，可不會覺得開心。

再來複習一下吸引力公式：

★視覺吸引力＋認知挑戰＋自我認知價值＋情感連結＝深入且持續的吸引力★

當談到性時，**如果一個男人認為隨便哪個男人都能跟妳發生關係時，妳在他眼中的價值就會慘跌**。他會認為妳的標準隨便，也不覺得有使出獨特手段引誘、魅惑妳的必要。他不需要對妳認真，他認為自己唯一的成就不過是在對的時候出現爾爾。不只如此，如果這一切對他來說得來全不費功夫，那也就意味著妳也不構成認知挑戰，這可是另一個吸引力殺手。

妳如何分辨他滿腦子只有性？

既然所有男生都想要性，那麼妳又該如何分辨他是否只想要性？就算好男人也會想試試看能否在第一或第二次約會時就和妳上床，那麼，妳怎樣才能看出誰是只覬覦妳的身體，不打算久留下來的人？

首先，妳該注意的是當妳拒絕和他發生關係時，他有什麼反應。如果他的反應過度情緒化，生氣、沮喪或死纏爛打，用盡各種方法想說服妳答應，那就快甩了他！只有當他打算再也不跟妳約會，或有個人情緒問題時，才會對被拒絕有這麼情緒化的反應。不管哪個原因，妳都絕不想攪和進去。

有個很棒的經驗法則：**絕不要因為一個男生想和妳上床而懲罰他，但請留心他被拒絕後的不良反應**。妳不需要用死板、嚴正的方式拒絕和男生發生關係，而是用不會讓他覺得被拒絕的方式說不。比方說：「你真的很可愛，但我手腳沒那麼快」，這樣一來，妳還是為他留了些餘地。

一個喜歡和妳相處，想更多認識妳的男生，就算第一、二、三次約會都沒和妳發生關係，也不會認為是什麼嚴重大事。如果他真的想和妳交往，他會願意等到妳準備好的時候（在合理範圍內）。隨著你們越來越親近，他通常還是會需要某種「有進展」的感覺。如果他已經達到情感上鉤點，也就是當妳已經成為他眼中獨一無二的那個人，那麼，性可以再等等。因為他知道，那只是時間早晚的事，不論是明天、下週或下個月，他知道這一天總會來到。如果他覺得和妳在一起很親近，特別是當妳在他眼中很有價值感時，妳的拒絕對他來說根本就算不了什麼。和妳相處的這些時間，現在成為兩人一起等待發生關係的時間；而且，這也可以是用來拒絕男生在初次約會就和妳上床的好理由，至少，能讓妳判斷他想不想再和妳約會。雖然他得再約會個兩次才能等到，但至少發生時，他會更珍惜。

如何成為難以忘懷的女人

一個飽經世事的女人知道男人對她有著肉體上的慾望，但她並不會將這視為自身價值所在。男人想和她上床的原始衝動，並無法限制她的行為。她仍會照自己想要的方式和男人交往。

假如男人在晚上十點時打給妳，要妳去他家，一個聰明的女人會知道這種約砲電話絕對無法讓自己獲得尊重，也無助於建立一段真正的感情關係。但是，也別因為他打了一通約砲電話，你就因此大罵他一頓。

妳可以提出另一個建議，比如說，「這樣好了，我早上再過去，我們一起吃個早餐」，然後在隔天早上帶著可頌麵包和柳橙汁去他家。這麼一來，妳就把原本一個完全和性有關的情況導引到連結情感上頭。沒錯，或許一開始他會因為妳不願意去他家而有些沮喪，但一點點的挫折實在無傷大雅。

對男人來說，能否一直保持興奮感是最重要的，如果妳能為他的生活帶來價值，那麼他就不會這麼在意是否可以現在立刻就獲得性體驗，只要他知道還沒出局，而且還有某些值得期待的事，那麼再等一下又何妨。

令人難以忘懷的女人從不擔憂當她的男人需要等待時會有何感受。如果男人專的焦點只有性，那麼女人的焦點就是展現自身價值，我們先前提到過，日常約會的價值就在於這裡。當你們一起做些平常的事，諸如煮飯、散步到某間咖啡店，或只是一起讀本書，用筆電趕工等等，都是能讓你們展露各自價值並且在情感上連結的大好良機。

我並不是說，妳得把人生意義和價值帶進對方的生活裡，也不是說妳應該投資時間在不符標準的人身上，然而互惠的原則確實總是有用。沒錯，先給出去的人是妳，妳當然也期待回收。先投資，然後試試對方反應如何。

即使如此，妳可能還是覺得這聽起來好累又好冒險，而且也不想浪費時間、精力在沒興趣認真過日的人身上。不過事實上，這麼做反而能為妳省下時間。如果這個男的希望妳在晚上十點時去他家，又拒絕了妳的早餐邀約，一直試著要妳在晚上時過去，從這些地方，妳就能立刻判斷出他對更深入投資一段感情並沒興趣。而若他展現出不值得妳投資的樣子，就別再在他身上浪費任何時間。更別說，妳一定會慶幸還好自己發現得早。

說了這麼多，如果妳渴望一段有意義、長遠的關係，展現出自己的價值會讓男人愛上妳的真正面貌。早早就顯出自身價值的女人，才能讓男人不只是追求和她發生關係。

關於愛情，馬修這麼說：

「該等多久才可以上床？」一直都是我被問到的問題。我的回答是：「只有當彼此之間建立了情感連結後，性才該粉墨登場。」所以約會三次再上床沒有任何意義，第一次約會後就上床也不代表妳是個隨便的女人，而是在於你們何時有了情感連結。

14 友達以上，戀人未滿

我有一個朋友蘿拉，如果不說，沒有人相信竟然還是單身的女人。她擁有一份喜歡的工作，是慢跑俱樂部會員，一個月會去跳幾次騷沙舞，一年也會出國旅遊數次。她長相姣好，活潑開朗，善於引導、幫助他人表達自我，充滿自信。她周圍似乎總是不缺充滿魅力的男子，事實上，她這種能認識許多異性的本事也很讓人羨慕。但不知怎的，她總是無法與他們曖昧或談戀愛。基本上，蘿拉和異性相處的大部分時間，都是在談論他們看到的其他女生，也就是說，她根本就被看成是男的，不過是更善於傾聽的男人。

蘿拉發現自己一直收到討人厭的「好人卡」，她認識的男性友人或許喜歡她，但卻從不曾真的愛上她。

有些女人似乎天生具備成為男人死黨的特殊技，她們總能認識各式各樣，可以和她們打屁閒聊的男性新朋友。她們和男性友人花很多時間交流、互開玩笑，但就和蘿拉一樣，這些友誼都無法轉化為浪漫情愫。

因為，吸引力所需的條件不只是情感交流而已，還需要性張力、性化學作用，而這兩者要能被發揮出來，需要雙方都自在接受各自的性別定位。雖然男生對大多數的肢體語言如同眼瞎，但擁有性自信的女人的一舉一動，他們卻可以看得一清二楚。

這些「男人的女性死黨」通常希望先和男生成為朋友，然後再看看是否會擦出點火花，是否有機會吊對方上鉤。然而，只要妳繼續卡在朋友區，妳就越難出現在對方雷達上，成為他的欲望對象。如果這種行為可以用數學公式表示，那看起來大概就會是這樣：

（很有趣＋不按牌理出牌＋情感交流）－性感＝只是朋友

綜觀我們的感情生活，很多人也都曾經處在這個位置。我們遇見很想談戀愛的對象，但他卻只把我們當朋友。咱們面對現實吧，卡在朋友區爛透了！

這種情況通常比較容易發生在擅長和人建立關係的人身上；她們雖能深入與人交往，但卻無法展現自己的性吸引力，以至於讓人無法以「友達以上」的眼光看待她們。

或許妳很擅長打情罵俏，在你們初識的那場派對之初，他確實看到了妳性感的一面。但之後妳讓他看到自己是一個多棒、多忠誠的夥伴，而一旦男人將女人視為好夥伴，但最後妳卻只讓他聯想到自己的姊妹。

也有可能，妳給他太多注意力，以至於他完全不需努力就可以得到妳的注意力，既然如此，他就看不見妳的價值或挑戰性。

落入朋友區的感受通常都不會太好，那是種無能為力、不被疼愛的感覺。妳卡在朋友這個定位上，期待會不會發生些什麼事，然而，他還是繼續和其他女生交往。他喜歡和妳在一起，但只把妳當成可以一起打屁、分享心事的換帖，而不是有機會發展戀情的對象。妳完全不明白為什麼，明明妳就超適合他的。這還不打緊，妳也沒辦法再去認識新人了，因為妳可不想因此壞了你們之間的可能。每次當他恢復單身時，妳想著或許這次他總該注意到妳了吧，誠心希望總有一天他會清醒過來，發現妳始終在燈火闌珊處等待。

誰能怪妳這麼想呢？我們可以舉出至少十部劇情跟上面這些敘述一模模一樣樣的好萊塢電影：這個男生和那個女生一直以來都是好友，他們都和其他人上床，從不明白彼此是天造地設的一對。年復一年，兩人舉足不前，突然，其中一人（通常是男方）戲劇性地在事情還有轉圜機會的最後一秒（因為電影通常都會安排某一主角要登機這類只剩最後一刻的戲碼）找到女生，承認自己一直都愛著她，他終於恍然大悟原來她才是自己的真命天女，他多麼想和她廝守終生等等。

我要在這裡鄭重地告訴妳：那只有在電影裡才會發生。我記得唯一符合事實的好萊塢電影，是電影《當哈利遇上莎莉》裡哈利和莎莉在餐廳吃午餐的那一幕。當時，他們還只是朋友，哈利聊到自己的性生活，很肯定自己能在性方面滿足女生。但莎莉可不這麼認為，她說，所有女人或多或少都會假裝高潮，你才分不出來對方的高潮反應到底是真的還是演出來的。哈利不以為然、大搖其頭，再三拍胸脯保證自己絕對分辨得出來，於是，莎莉就用讓現場每個人下巴快掉下來的方法回應。為了證明自己的論點，她閉上雙眼，開始輕聲呻吟，隨著呼吸聲越來越沉重，呻吟得越來越大聲，最後，隨著不斷提高的音量，她用非常大聲的音量叫著：「喔，天哪，給我，給我！」沒錯，當著整間餐廳所有人面前，她「演出」了從開始到高潮的整個過程。

當莎莉假裝高潮時，哈利看著這個一直以來只把她當成朋友的人，展現出前所未見，充滿性慾（感）的一面。雖然這是個例子比較誇張，但我們卻可以發現，女人可以突然將對方未曾想像過，自己不同的一面展露出來。對哈利來說，莎莉突然看起來像個性感無比的女神。

這時，哈利才真正遇見了莎莉。

為何我是友達以上，戀人未滿？

如果妳想擁有男性友人，那很好。如果妳的社交網絡成員大多是男性（畢竟男生可以介紹你認識其他男生），或妳最好的朋友是男生，這都完全沒有問題。但如果妳再也不想被喜歡的對象歸類在朋友，因為妳完全可以想像自己和他擁有一段長久、開心又充滿粉紅泡泡的未來，那麼妳最應該做的事，要麼就是另找一個新的對象，不然就是開始做點不一樣的事。下面是一些能幫妳改變對方對妳的態度的小建議。

①別為他的感情出主意

妳的男性友人通常會想找妳討論他們覺得很性感的女生，或是他正交往、約會的對象，甚至他可能也會很自在地在妳面前對其他女生大放秋波。如果妳原本還不太確定你們之間是否有機會跨越朋友關係，看到以上這些狀況，也應該要了然於心了。妳越像他的愛情軍師，就會越陷在「朋友」泥沼中越深。祕訣就是，別養大他的胃口，別讓他無止境地談論他喜歡的女生，也別替他出主意，旁敲側擊提點他該怎麼做。基本上，完全避開這類話題吧！反正妳也不想聽。

如果妳被設定成他的愛情軍師，這會讓妳失去和他眉來眼去的機會。這麼做或許會讓妳覺得靠他更近，覺得兩人的關係似乎因此更「真實」、坦率，但更親近可不見得等於更吸引他。

②別隱藏妳自己

當我們喜歡一個人時會想和他建立更深的關係，自然而然就會有迎合對方的本能反應，我們急切地想找到更多共同點，於是對於他的觀點每每點頭稱是，儘管其實妳根本不這麼認為。或者，妳也不想在容易引起爭論的事情上挑戰對方，畢竟妳也不想平添波瀾。為了向他顯示你們倆多麼適合彼此，妳調整自己配合對方，而不會堅持自己的想法、標準，但是妳平常肯定不是這樣，通常溝通時會表達各自的看法，理解彼此的不同意見，最後達成某種共識。而如果妳要確保不被歸類到朋友區，方法之一就是妳得願意挑戰他的觀點。

這聽起來和妳的直覺恰好背道而馳，但是反對他的意見，破壞表面的和諧，卻能讓妳的魅力更上一層樓。成熟的男生不需要一個對他每句話頻頻稱是，唯唯諾諾的女人。我沒有要妳假惺惺做戲，但如果他確實發表了一些和妳的價值觀大相逕庭的言論，或當他說喜歡妳完全受不了的某本書、某部電影、某個樂團時，妳得願意去製造一些麻煩。

如果他對工作或喜歡的球隊連敗這類事不停長吁短嘆，那妳可以說：「我是不可能跟你在一起的，你真的很麻煩。」用這種方式輕描淡寫地告訴他妳的想法。或者是當他開玩笑說你們可以在一起的時候，妳也可以用這麼回答，事實上，如果他真的這麼說，不妨如此回應：「最好是，我們倆不會成的，我對你來說太酷了！」

請牢記在心，妳說這些話時一定不要太認真，這樣才會有效。妳的語調一定要有些促狹，好像只是在嘲弄兩個人在一起這個概念，絕對別認真起來。

看得懂這個心理戰嗎嗎？妳一邊作球給他，把「在一起」這個概念悄悄放到他腦袋裡，另一邊又把球拿走。這也是一個向男生優雅表現自己價值的方法，因為妳暗示他得努力點才能跟上妳的標準，這也是能長期維持吸引力的關鍵。如同先前所說，男人總是想和能不斷刺激自己成長的女人在一起，他喜歡有一點點「自己得多做些什麼才能趕上妳」的緊張感。

打破和諧，不是要妳為反對而反對，而是傳達一個態度：雖然妳很喜歡他，但可不打算同意他說得每件事；這是表達自信和獨立性的好方法。同時這也表示，即使是小如電影等議題，妳還是有自己的看法。比起為了求全萬事OK，持不同意見卻反而能創造出更多吸引力，這才是最諷刺的地方。當妳對同一件事情表達不同看法，最後當兩人在異中求同時，反而讓兩人之間的連結更緊密。

③ 標明禁區

如果他選擇繼續當妳的男性朋友而非男友，那麼妳得清楚讓他知道有些事情是禁區。某些福利得跟妳交往才能享受得到：上三壘、在臥房裡性感的模樣、妳不同種類的內衣褲等等，既然他只是朋友，那這些事自然也沒他的份，這些事只留給跟妳在一起的男人。再次重申，別罵他或對他說教，只需要語帶輕鬆地讓對方知道，當你們成為情侶後，帷幕後頭可是有些令他驚嘆的好東西在等著他。

假如談到關於性的話題，別具體詳述，只需要稍稍暗示妳在這方面的表現很不錯，其他的就讓他自行想像囉！如果他問妳一些和性有關的私人問題，用戲謔的態度回應：「我可不會隨便告訴任何人我的祕密！」如此一來，妳等於是在告訴他，如果你們只是朋友，那他就無法獲得超過某一程度的親密感；同時，這也暗示他妳是一個既有質感又有深度的女人。

④讓他對妳產生性幻想

如同前面提到，能夠展露性感，是搶手女性具備的特質之一，這讓男人能夠想像親吻妳、觸碰妳以及和妳發生關係的畫面。如果妳想脫離朋友區，妳得自在面對男人想像與妳上床這件事，這點非常重要。這聽起來再基本不過，但妳卻很驚訝許多女人迫不及待想表現自己的仁慈、聰明、正直和值得信賴的一面，卻忽視了最基本條件。

就算他喜歡妳，仍舊有可能不把妳視為戀愛對象，因為他無法想像和妳肌膚相親的樣子。

當一個男人真的喜歡妳時，就算兩人都還沒約會過，他早已在想像自己和妳發生關係的畫面。男人私底下總喜歡想像妳使壞的一面，他相信，只要跟他在一起，妳就有機會展現，這也是為什麼讓對方在一開始時就用帶著性慾的眼光看待妳如此重要了。妳或許會這麼想，好吧，只要他跟我交往就能見識到我床上高手的那一面了，但實際上，事情並不是這麼運作。

如同我們先前提到，他應該要在追求妳的初期階段裡就能預見未來兩人關係的雛型。對男人來說，他總希望越早看見他尋找的特質越好。

有很多方式可以讓妳展露性感的本質，卻不會太過火，搞得像是在勾引他一樣。和他跳支舞，是讓他注意到妳性感的好方法，當他看到妳自在擺動身體的那一刻，會無法抑制地感覺你們在肢體上更親密了。另一個方式，則是讓他知道妳也有情慾的想法，但妳可不想直接走到他面前，告訴他妳想和他上床，通常等他從驚嚇中平復過來後，都還是會覺得妳太可怕了。妳也不會想大剌剌地跟他說，「你好性感喔」，畢竟這是已經交往或在床上時才會說的話，一開始就這麼說會顯得有些太用力。

所以，與其直接地說他很性感，你不妨指出他做了哪些很性感的事。比方說，如果他正好穿著一件剛買的皮夾克，那妳可以說，「哇！這件夾克真性感」或「嘿，穿皮衣的男人真讓我沒輒！」

如果他用了新的鬚後水，可以這麼說，「喔，男生身上這種味道真的很吸引人」，要清楚妳的對象是鬚後水，而不是他本人。

就算是平常的對話，也可以使用如「……會很吸引我」、「……讓我好喜歡」、「……讓我覺得好性感」等句子表達自己的情慾，這類用詞能定義你們的關係究竟是朋友或是戀人。

如果妳自信滿滿，那麼無須等待，在剛認識對方時就可以展露充滿性感的這一面向。可能是在某場社交聚會上，他剛好站在妳旁邊，妳可以說：「我不能再站你旁邊了，誰叫我覺得戴圍巾的男生特別撩人。」這句話很傻氣，但卻為你們的第一次互動定調，你們絕不可能只是朋友。

我們再仔細研究一下上這句話：「嘿，穿皮衣的男人真讓我受不了，快點把夾克脫下來啦！」這句話（或任何類似台詞，能表達某事讓妳為之瘋狂，他得立刻停下來不然得認份承受結果）有兩個功能，其一能表達妳的讚賞，其二又讓妳可以迅速抽離。基本上，妳的意思是：「你讓我覺得好撩人，但我可以這麼覺得，但你不行」、「你滿吸引我的，但我不確定該不該這樣」，也就是說，妳釋放出一個訊息：雖然妳覺得他穿著皮夾克很性感，但這麼性感對妳來說很犯規！

很犯規？所以他會想做什麼呢？當然是犯規啊！

妳說不可以，反而會讓他更想挑逗妳。不久前，他才站在一旁管自己的事，現在，他意志堅定，想要妳繼續帶著情慾的眼鏡打量他。妳開啟了一場他沒預期到的遊戲。當妳用這種方式捉弄他時，等於一邊傳達出對他的興趣，但同時又丟出挑戰，讓他想要保持妳對他的興趣。

⑤他得多少，取決於他投資多少

當喜歡的人把妳定位為朋友時，妳會願意放下一切只求和他更親近，由衷希望或許對方有這麼一天終於注意到妳，和妳陷入情網。只不過，靠近他和吸引他是兩碼子事。

當妳太快又過多地投資在一個男人身上時，就算他原本對妳有些好感也會很快消失殆盡。隨叫隨到，表示妳的人生除了跟他在一起之外，沒有更重要、更有趣的事情可做，他不會有機會發現，不和妳交往讓自己錯失了多少有趣的事。這就像是有一首西洋鄉村老歌歌詞所說：「你不走叫我怎麼想你？」

在交往初期，男人希望看見妳有標準、生活有重心，並且不會為了任何人妥協。如果妳讓他覺得不管何時都能隨叫隨到，那麼很容易就會成為一個只為了讓他自我感覺良好或滿足自尊心而存在的女人，而不是一個吸引他的女人。

我知道用說的都比做容易。當喜歡某個人時，我們都會很想為他改變遊戲規則。我有一個朋友用「像是被瘋狗浪捲走一樣」來形容談戀愛，不論多努力抵抗，妳都難以自拔。他給妳的關注不像妳給他的這麼多？沒關係！我是否願意放棄閒暇時的每分每秒，這樣你隨時需要我我就能出現？那當然！朋友？都找到夢中情人了，誰還需要朋友啊！這類行為對妳絕對沒好處，因為在他眼中，妳的價值正慢慢（而且一定會）減少，就算他本來還對妳有些好感，現在也早已消失無蹤了。

我並非鼓吹欲擒故縱，但男生能得到多少，應該取決於他投資多少才對。

⑥ 親熱點又何妨

如果妳希望可以自己決定哪些人是朋友，哪些人可以不只是朋友，那麼妳需要對肢體接觸更自在一些。如果妳想在聊天時碰觸對方，那麼一定要做得優雅又不著痕跡，千萬別搞的像是一件奇怪、不自然的事，而是要像是妳本來就會做的事。

下定決心多和人肢體接觸吧！同時，我們得更樂於與人社交，並在每天的對話中更自在地增加肢體接觸頻率。如果妳對於肢體接觸很不自在，先從身邊的人下手，開始試著練習。和朋友見面或說再見時，給他們一個擁抱。如果妳練習和朋友圈裡的每個人都這麼做，當他們看見妳充滿自信的樣子，也會跟著這麼做的。

學著用這種方式與人接觸，最後能幫妳卸下防衛，妳發現自己可以更友善。我們都認識一些能夠用熱情點亮整間屋子的朋友，他們不只對某個人，而是對每個人都很友善而且充滿感情，所以能立即讓別人覺得彼此很親近。

練習這件事的好處是當妳真的遇到喜歡的人，和他調情時，就不會顯得扭捏不自然，而是一副妳天生如此的樣子。這也是我建議妳和每個人（甚至是女生）打情罵俏的原因。為什麼？因為這讓妳隨時隨地都很放鬆，所以當遇到那個深深吸引妳的他時，就不需要再特意切換成調情模式了。

第一次聊天時，有個讓肢體接觸更容易的好方法，就是站在和妳聊天的人旁邊，而不要和他面對面（這個站位同時也讓妳可以隨時離開，也是暗示對方，妳還沒決定是否要留下來繼續聊）。當站在對方側邊時，你們的手臂或許會碰到彼此，就算碰到了，感覺也很自然。這個站位讓妳可以輕碰對方手臂後側，然後指向屋子某處說：「讓我介紹我朋友給你認識！」

如果對方是妳比較熟悉，而且可能把妳歸入朋友區的人，不妨更大膽一些，給他來個快速的肩膀按摩，或更靠近、更久的擁抱。如果妳發現他有搽鬍後水或聞到洗髮精的香味，也可以靠過去聞聞他（借用他的手臂，把自己拉向他）。

上面這些身體接觸的方式，能幫祝妳創造出情感連結和親密感，同時也讓他有理由更靠近妳。妳可以頻繁但蜻蜓點水式地去碰觸對方，就是在告訴他：你可以進攻了。男生在初次約會後沒有親吻你的最大原因，是因為他沒有機會或理由貼近妳。在約會快進入尾聲時，總難免遇到突然沒話聊的時刻，然後女生就會想著：快點，直接來親我啊！但同時，男生卻想著，我想親她，但我該怎麼靠過去點？她好像離我有八百公尺這麼遠，我是應該假裝她肩膀上有蟲，所以靠過去幫她拍掉嗎？還是我應該假裝不小心跌倒然後剛好親到她的嘴巴？

當妳採取主動，讓肢體接觸變得更自然，他也就能更自然地有樣學樣了。慢慢堆疊氣氛，由於他對靠近妳、和妳肢體接觸已經很自在了，所以在約會最後親吻妳就變得容易多了。妳允許他碰觸妳，但最後還是留給他發動關鍵攻勢。

其他祕訣

一段看似充滿希望的感情正逐漸加溫，準備一飛沖天，怎料到引擎卻突然失速，戀情也就跟著黯然墜毀。造成這種慘劇發生的原因有很多，比如說：

（女人味＋性感）－情感連結＝性玩物

有些女人對於「男人是用下半身思考」這個說法深信不疑，於是她們把焦點都擺在展現性感上頭。其實，有些女人自然而然就會散發出性感味道，她們在屋子裡走動、擦護唇膏、碰觸男人的樣子，都只傳達了這件事。要說到快速製造逆天化學反應的能力，這類女人可說是渾然天成的高手，男人們一看到她就想馬上和她發生關係。

但是，如果少了趣味性，這類女人很容易會陷入性玩物陷阱，被人當成只適合上床的對象和蕩婦。性感，如果缺少了正直和獨立的特質，別人就容易把妳視為雖然性感但卻膚淺的女人。

男人或許會被這種性能量吸引，然而這種感受一旦消退（遲早會消失），他就會因為無法預見自己和對方建立長久關係而立刻失去興趣。另一方面，女人雖然展現出性感特質，但卻沒有展現出能更多認識對方並且建立深刻情感連結的能力。男人或許會一直打約砲電話給她，但是一旦他找到那個具備所有能吸引他的特質的天命真女時，就再也不會和她聯絡了。

（自信＋獨立＋情感連結）－女人味－玩心＝正經過了頭

很多強勢女性成就非凡，她們步伐飛快，大展長才，不讓鬚眉，充滿狠勁，並且試著在外露的自信、胸有成竹、獨立和競爭力之中，添上幾筆女人味和玩心。

她們並非完全不使用那些能創造出吸引力的必備材料，但確實有可能因為疏於使用而顯得生硬。女性在職場中通常都需要營造出強勢、成功的形象，而這無疑讓她們不常顯露出嘻笑怒罵、打情罵俏、具有女人味的一面。

她認識的男人絕不會小看她，當然，她也絕不可能落入被視為性玩物或純朋友的困境。那些和他平起平坐的男人會想聘用她，成就遜於她的男人想去聽她主講的研習，然而，沒有任何一個男人想和她交往。

當個強壯、充滿自信的女人，和擁抱女人味、甜美可人氣質在本質上並不衝突，但就和世間萬事一樣，要讓這些特質在同一時間順暢運作，仍舊需要不斷地練習。

「做自己」的陷阱

這個陷阱我無法寫出一個公式來，因為這是所有陷阱中最棘手、最微妙的一個。

在交往初期，男人發現妳的不凡和擁有所有令人渴望特質時，他就會情不自禁地受妳吸引。我確信有時妳會覺得，要在別人面前表現出高質感女性的面貌，好像和學打網球、滑雪一樣，得在同時做出十六種不同的動作。

我相信很多人會覺得，要展現某些特質在一開始會讓自己不太自在，特別是如果妳不常展露自己性感的一面，就會覺得這麼做很不像自己；如果妳做事一板一眼，表現出玩興就不太容易；或者妳很容易因為不做計畫而焦慮，那麼不按牌理出牌對妳來說可就困難了；也或許，妳常在剛認識一個男生半小時後就被迷得團團轉，那麼，要表現出自信和有原則的樣子就會很辛苦。

這也是為什麼妳會挫折、想放棄，在辦公室派對、烤肉趴、展覽開幕活動後，妳深信自己因為試著想展露根本沒有的特質而大大出糗，妳可能會告訴朋友這個悲慘遭遇，想當然爾，她會這麼告訴妳：「妳完全不需要改變，只要做自己就好了，一切都會沒問題的。」

所以說，朋友有時候會變成最糟糕的敵人。

這種「忘了妳至今學到些什麼，只要做自己就好」的建議，其實沒什麼道理。誰能知道所謂「真正的自己」長什麼樣子？我們自己知道嗎？至少我就不知道。世界上各個偉大的哲學家們，似乎都在找到這個確切答案之前就一命嗚呼了。

如果我在書裡建議妳去做的這些事情，剛好也是你喜歡做的事呢？去認識新的異性朋友，和他們打成一片，主動找他們聊天，對肢體接觸更開放。妳會因為現在更能熟練拿捏如何讓自己更外向、有趣的技巧，而因此違逆了「本心」嗎？

不管好或壞，這些我們養成多年的習慣並不能定義我們是誰，我們充其量只是習慣用這種方式過活。我們習慣和朋友一起出門玩，買杯酒，和她擠在角落抱怨根本找不到好男人；我們習慣去乏味的餐廳約會，努力撐過無趣的話題：你做什麼工作、上班要花多少時間通勤；我們習慣在第三次約會時和對方發生關係，因為曾經在雜誌上看過這個「三次約會後可以上床」的守則。

這些東西才不能定義我們是誰。

就算是在公開場合表現得很害羞的女生，也會在開車聽到自己最喜歡的歌時忍不住引吭高歌，這個有些傻氣、好玩、憑感覺的一面，其他人幾乎沒有機會可以看到。同樣地，堅強、有自信的女人也會為了要價不菲的法式性感內衣而失心瘋；有玩心、憑感覺的女人也能夠有紀律地在每天早上固定冥想三十分鐘。她們的朋友都能看見這些面向嗎？不太可能。

很多時候，當人們建議妳「做自己」時，其實是在告訴妳：不要成長也不要改變。不只這樣，很多時候，「做自己」時的妳，根本就悲哀又孤單，但她們不管三七二十一還是給了妳這個建議。然而我想告訴妳，這個新的、進階版的妳，還是妳；妳並沒有改變自己的本質，而是活出妳本來就有的樣子。

關於愛情，馬修這麼說：

「友達以上，戀人未滿」這個階段充滿各種可能，可以是好兄弟、好閨蜜，但也可能是帶有些曖昧。但只要一方有意，應該就不會想待在這個區間太久。於是這個議題，倒是簡單明瞭。六點坐上戀人直達車：

1. 別為他的感情出主意
2. 別隱藏妳自己
3. 標明禁區
4. 讓他對妳產生性幻想
5. 他得多少，取決於他投資多少
6. 親熱點又何妨

15 為何他已讀不回、搞消失？

你們共度了一段美好時光，妳心想，一切都很順利：你們很放鬆地聊天，他告訴妳一兩個關於他的小祕密，在信步走去取車的路上，他牽了妳的手。你們臨時起意在回家路上買了冰淇淋吃，聊啊聊的就聊到凌晨兩點，你們大可以就這樣上床的。當他和妳說再見時，還記著妳貓咪的名字呢！那天明明就很開心啊！但之後他杳無音訊。一整週，電話連響都沒有響，妳終於受不了了，索性打給他，在電話答錄機上留了言，即使這樣，他還是沒有回電給妳。

這傢伙為什麼不打給妳？

妳認為他消失的理由，都是假的

根據我這幾年教練生涯的觀察，我發現男人之所以不不再跟女人聯絡，可說是和女人一般所以為的截然不同。以下就是這些最常見的誤以為：

①因為我讓他備感威脅

這可說是最大也最常見的一個誤解。我遇過許多成功女性，同時也和她們合作過。她們卻都非常愛用這個理由，有時甚至連一次約會都還沒成行，她們就急不可待地把這個理由推上場。一個參加過我某場研習會的女生，和派對上認識的男人交換了電話、敲好了約會時間後，就這麼跟我說：「你等著看好了，這最後還是不會有結果的，因為他一定會覺得我太有威脅感。」

事業有成的女性都有種習慣，喜歡假設男人無法承受她們如此成功，或是，男人只要看到一個女人在事業上的成就大過自己時，就會對她失去興趣。然而事實是，除非女人在約會時表現得像在開會，或是以聊天之名行嚴厲審訊之實，不然大多數時間，男人其實對事業有成的女性充滿興趣，甚或深受吸引，特別如果對方又展露出某種程度的女人味、趣味、隨性和性感時，就更吸引男人了。

②因為我不夠美

如果男人和妳約會，意思就是說，他覺得妳的長相很可以。他之所以約妳出去，主要的原因之一就是因為你們有視覺上的化學反應。除非認識那天他剛好戴著眼罩，不然對他來說，妳已經夠美了。

然而，他確實可能覺得你們之間沒有性化學反應，但他還是會和妳約會，希望看看有沒有機會發展出什麼東西。男人都喜歡幻想和妳來場狂野的性愛，而如果對方愛笑、會捉弄他、充滿熱情、對自己的身體自在，或表現出願意使壞、不會太嚴肅的樣子，那麼要幻想出那些畫面就很容易了。他沒有再打電話給妳，很可能是因為他覺得你們之間沒有他期待的性化學反應。

③因為他不可靠也不想定下來

就算男人在初次約會前已經決定自己不想要認真的關係，也不代表他在約會結束後就會人間蒸發。即使是熱愛單身生活的男人也喜歡約會的，他可能會因為對方讓他在床上如魚得水而繼續和她約會個十來次，可是心裡仍舊不想定下來。他還沒定下來，也不代表他會在跟妳約會一、兩次後就突然溜之大吉。更何況，我要告訴妳，過去這幾年我看過一堆自稱是死忠單身派的男人，在終於遇見他的真命天女時，可是暈頭轉向、快快樂樂地就一頭跳入婚姻呢！

④因為他只想上床

為了讓妳了解這個假設有多可笑，我們需要先澄清一下關於男人的兩件事。第一，不論他們嘴上怎麼說，事實上絕大部分的男人不太會和交往對象之外的人發生性關係；第二，如果男人會固定找人上床，那個對象通常也都是同一個人。

那麼，這兩個事實和這個假設的關聯在哪？因為男人真的滿熱衷於性事，也因為這樣，當沒有任何正當理由，特別是如果對方讓他們很享受其中的話，他們自然不會自願放棄這檔事。

我向來都覺得那種「打了就跑」型的男人被描繪成很可笑的樣子，在經過一夜美好的翻雲覆雨後，他會在隔天早上醒來，躺在床上想著：「呼！我得快點閃人，然後再也不聯絡，免得又想要再做一次！」

我的重點是，一個嚐到甜頭的男人（尤其是他喜愛的性）一定會再打電話給妳，儘管可能只是在深夜打來的約砲電話。即使是最玩世不恭的玩家，也會為了想再上床而不停打給妳。

如果你們話不投機，但在床上卻水乳交融，那他或許會假設妳會願意當他砲友。假如其他一切都不錯，唯獨在床上不投機，他還是有可能再打給妳。知名的喜劇演員梅爾．布魯克斯（Mel Brooks）是這麼形容的：「對男人來說，性愛就跟披薩沒兩樣，就算烤得不好，還是好吃。」

重點是，如果他沒回電給妳，也絕對和性沒關係。

他突然消失的真正原因

男人雖蠢，但在自己為什麼不想跟某個女人交往這點上，倒是出乎意料地精明。許多男人的言行或許出於缺乏安全感，但實際上，下面這些原因才是他們真正的想法。當妳質問他時，他可能會支吾其詞、鬼話連篇，但如果他願意誠實以對，那麼以下就是他可能說的話：

✧她人很好（沒個性，沒挑戰性）。

✧她好無聊。

✧她攻擊性太強了。

✧她太膚淺了。

✧她看起來太急切了。

- ✧她太用力想讓人對她有好印象了。
- ✧她好負面。
- ✧她內心戲太多了，長期相處下來很可怕。
- ✧沒感覺。

這些理由看似互不相關，然而其實它們都可以被歸入到幾個基本分類中，也是這些地方讓他覺得約會不如他的預期。讓我們更仔細地來看看這些細節。

① 缺乏性化學作用

男生如何可以和女生約會，一邊享受她的陪伴，但卻又不受她吸引。他或許認為對方是一個好人，但如果他沒有從妳的調侃、調情和挑戰中感受到性吸引力，那麼他一開始在視覺上所受的吸引也會漸漸消失，有時候只有好看是不夠的。

就算他認為妳能和他連結情感，他仍舊需要感受到火花和深刻的吸引力。我們通常習慣在約會時盡量看起來討喜，試著找到共同興趣當成話題，或以兩人都喜愛的事物作為連結點。和善可親對認識新朋友可能很有幫助，但卻無法激發出火花；

一樣無法吸引他。

為了創造出必要的火花，妳可用開玩笑、吊胃口、調情、虛貶實褒[4]等方法，以達到讓性張力升溫的效果。他會和妳約會，是因為他對妳有興趣；但是，如果沒有辦法感受自己在性和情感上和妳有所連結，男人很容易就會失去熱情，也就是說，當個好好小姐力道還不夠。

②缺乏複雜度

我常聽到男生這麼說：「我覺得她很單調。」翻譯成白話，就是，只有性感、只有好笑、只有嚴肅或只重事業：她很性感，但好像有點膚淺；她很聰明又有企圖心，但不有趣也不好玩；她超好玩的，但一點都不性感。上面提到的這些特質都很好，但它們只是整體的一部分而已，光是擁有單一特質是不夠的。

最近我和一個單身的朋友一起吃早餐，聽他為我簡報昨晚那場約會的「驗屍報告」。在前一個禮拜，他在一間夜店的舞池認識這個女生，兩人當晚就發生了關係。幾天後，他傳簡訊給對方，想知道能否再見個面。她回覆了簡訊：「要不要一起吃個晚餐？」他欣然赴約，兩人順利敲定這次約會。

沒想到，兩人吃過晚餐後，他就再也不想見到她了。這真出乎我意料之外！「因為她真的好無聊，對所有事情都沒意見，不會說笑，一點都不有趣！而且，她好像沒什麼目標，也沒有生活嗜好或對任何事表現出熱情，晚餐吃到最後，我對她的認識跟一開始根本差不多。完全無法想像如果我邀她跟我一起回家會怎樣，不做愛的時候我們還可以聊什麼啊？」

這還不夠糟，最慘的是，這個情況會導致某些誤解。可以想見，這個女生會去找她的朋友，想不透為什麼他為什麼完全沒有試著邀她一起回家（就算她可能已經準備好要拒絕了），甚至連再打給她都沒有。

她朋友可能從沒看過她約會時的樣子，所以可能完全無法明白，原來她在不知不覺中讓男生覺得很無聊。很有可能，她們會發表類似這樣的評語：「應該是因為妳太早跟他睡了。」但是事實上根本和這一點關係都沒有！

---

4 原文為break rapport，字面意思是破壞和諧、好感，是可以用在男女交往關係中的一個技巧。運用實例比如，當女生說：「每次我去KTV唱歌時都會偷走一支麥克風，我家現在已經累積好幾支了。」你聽完後可以嚴肅地說：「妳怎麼可以這樣？太過分了，原來妳是這種人！怎麼只偷一支，不全部偷走？」用這種方法可以讓兩人的互動更有張力。

這個女生永遠都不會知道真正的原因，她只會一直把焦點放在「太快和他上床」上，因此感到很受傷，搞不好就此深信男人都會在嚐到甜頭後腳底抹油快閃，卻沒有發現，事實上是因為在光天化日之下，自己的個性原來並不討喜。

③她看起來很黏人、飢渴

男生有一種第六感，可以偵測出哪個女人身上散發出一股「得趕快找個男人彌補感情大洞」的氣質。更糟的是，如果女生一個不小心太快脫口而出自己想趕快結婚生小孩，那還不如乾脆直接舉著寫上「沒錯，我就是這麼可怕！請絕對・別・再・打給我、跟我約會」的牌子算了。

男人並不是不想結婚或生小孩，但是他絕對不想成為妳「趕快隨便網住哪個男人」計畫中的獵物。他希望在感情萌芽初期，妳也和他一樣且走且看，他希望有「什麼都可能發生」的感覺。沒錯，或許到頭來，他會結婚，也會有小孩，但是到時再走著看嘛！

我承認這有些極端，或許比起吃什麼開胃菜，妳對未來想送自己的孩子上公立或私立學校更有想法，但如果只是要傳達妳有點急迫性，或許還有其他不這麼明顯的表達方式。

關於男人，有這麼一件事所有女人都該知道，如果可以，妳甚至應該把它嵌入腦袋瓜裡。男人喜歡主動稱讚女人，但討厭像錄音機一樣為了讓妳感覺良好而不斷重複，像隻應聲蟲一樣。

如果男人稱讚妳，只要微笑回個謝謝就好，甚至也可以問對方：「謝謝，但為什麼稱讚我？」這麼一來，他知道妳對被他稱讚感到有些驚訝，但也僅止於此。優雅地接受，這是最有格調的回應方式。

絕對不可以打破的規則：不要拒絕他的稱讚。如果他說妳今早看起來真性感，千萬別這麼回應：「哪有啦！我這樣看起來超醜的！」如果別人稱讚妳就讓妳感激涕零，而不是大方接受，知道自己配得上他的稱讚，那妳就知道是心裡那需要別人認可的怪獸在作祟。我們心中的不安全感可能會讓我們很想回應：「喔！你真的這麼覺得嗎？」，渴望從對方的稱讚中獲得更多肯定。這麼做不但不自然，同時也很「滅火」，而且當男生對妳說讚美的話時，最好也別看起來太感謝。

首次約會時該避免的話題

我們說出的話也要符合價值。就如同美國前總統班傑明・富蘭克林的觀察：「記得，別只是在對的地方說出對的話，更困難的是，在衝動時不說出錯的話。」

然而，有時候我們並不知道什麼是「錯的話」，或者實在太緊張時，脫口而出腦中正在想的話。很多人多年以來，一直維持著一些錯誤的約會談話習慣，她們從沒意識到，因為這樣而讓那些原本可能愛上我們的男人完全失去興趣。

①絕不談論前男友

如果發現自己不小心講起前男友的事，請趕快停止，就算內容很輕鬆或和當下的情景有關，但妳會談論跟前男友有關的事這件事本身，對任何妳想試著引起注意的男人來說，都會是場災難。

也別大肆批評前男友或喋喋不休自己多受不了他，妳可能覺得這表示自己已經完全放下他了，但給人的感覺卻正好相反。對方可能會認為妳對前男友還難以割捨，或是還拖著一堆尚未解決的情緒垃圾，而他可完全不想和這些東西沾上邊。更糟的是，這麼做對男人來說，可能代表妳過往的感情關係都很糟糕，於是他開始懷疑問題可能出在妳，而不是前男友們身上。

只要我們一開始抱怨前男友，就會讓自己看起來像受害者，而受害者可不性感也挑不起興趣哪！

同時，說自己的前任有多好這類話題，也是一樣的道理：男人可不想聽到你前男友多好這類內容。基本上，他才不想知道妳是不是還有什麼陰魂不散的情感依戀，就算有，妳最好留給自己就好。

② 不要討論自己的體重

這不只是因為這是一個很無聊，最好留給閨蜜們就好的話題，也因為這個話題跟他一點關係都沒有。他正和妳約會，這就表示他覺得妳很迷人。沒有任何一個情況會需要妳在初次約會時大加談論對自己體態的不安全感，絕對不要！如果妳正在跟他約會，就表示他眼中的妳是個正妹！就是這樣。

③透露出不安全感的話，絕對別說出口

「真的嗎？你真的覺得我很漂亮／瘦／性感？」

在對方耳朵中，妳真正的意思是，拜託再稱讚我一次，這樣我才可以再感受一下這種被認可的輕飄飄感。我好沒有安全感，需要靠別人稱讚我才能對滿意自己。

「喔，沒有啦！我才沒那麼性感／漂亮／辣。這裡有那麼多漂亮的女生。」

在對方耳朵中，妳真正的意思是，這個狀況讓我有點害怕，我需要更多好聽話才能應付得來。繼續跟我說我很漂亮，這樣我才能放下自卑情結。

「男生都不約我出去。我已經一百萬年沒有約會了。」

在對方耳朵中，妳真正的意思是，這不是很明顯嗎？我對你很有好感，所以希望讓你覺得事情越容易越好，就算這樣讓我聽起來自貶身價也沒關係。如果男人問妳為什麼還是單身，最好都說是因為自己標準高：「如果我要跟某人約會，他得真的是A貨，我可不是隨隨便便就會跟人談感情的。」

不安全感能摧毀任何一段感情。我就聽說過好幾段感情，男生就是因為這個原

因，而不得不忍痛跟他們的女友分手。我問男生為什麼要主動提分手，他們都會這樣告訴我：「她真是很棒的對象，但我快被她搞死了，她太沒安全感，只要我提起其他女生，她就整個人氣噗噗，不然就是得一直跟她保證只愛她一人，絕對不會喜歡其他人。」

如果妳需要別人不斷的肯定，那就表示我們無法打心底肯定自己。真正的自信是不需要其他人提醒我們自己確實是有吸引力的。

如果他都只在自己方便的時間才約妳呢？

有時候，問題不是出在對方不打給妳，而是他只在他方便時來電。他還是會和妳保持聯絡，但妳看得出來，他是想盡辦法把妳擠進他的行事曆裡，而不是視妳為生活中至少是中度優先的事。

坦白從寬，我就幹過這種事。

之前，我跟一個女生已經約會了幾個月，當然，問題來了，因為我們幾乎不太見面。我一週工作七天，因為正值衝事業的時候，所以有一半的時間，我都需要前往不同國家去主持研習會，也就是說，我甚至不在國內。

她會問我什麼時候有空，試著想安排一些可以一起做的事，但我總是會在最後一秒鐘取消。而如果試著想安排些活動的人是我，通常也得等到最後一秒才能知道自己有沒有空，更不消說，這些活動大概都是一些對我來說比較方便的事，比如說趕去機場前一起喝個什麼東西之類的。

很多女生都是這樣，她們根據男生的意願安排計畫，這麼做不但不會讓她們看起來很酷、很好配合，反而會失去對方的尊重。這個女生就像這樣，我完全沒有尊重她。某一天，我又試圖在一陣忙亂中敲定行程，試著擠出兩場會議中的一小時空檔和她見面，那天她一棒打醒我這個夢中人。她傳了簡訊給我：「我不是讓你打發一個小時空檔的那種女生，請等到有比較合適的時間時再打給我吧！;-)」

我立刻對她充滿敬意。她的訊息對我來說彷彿如雷貫耳，我完全接收到她想傳達的訊息：她不是我覺得方便，或剛好有空時才打給她，讓她串場塞個空檔的那種女生。我喜歡她，也不是在故意耍她，但對我來說，這可真是記當頭棒喝：如果我真的想追她，我可得付出她配得的時間和注意。

這個回應讓我最喜歡的地方在，她用了一種不失輕鬆又不情緒化的方式回應我，「如果你可以拿出更好的表現，這扇門還是為你敞開的」。這樣是不是真的很棒呢？

關於愛情，馬修這麼說：

男女雙方就如同兩性鉅作形容，一個是金星，一個是火星。所以用自己的角度去揣測對方的想法，就會有巨大的差異。我的存在就是一座橋，讓妳提升自己之餘，也要走近男人。希望這一章能打破妳對男性的迷思！

16 等等，他到底為妳做了什麼？

妳已經找到優質男。你們有了幾次約會，其中一次還去遊樂園度過一整天；或是，你們去音樂節，某天中午見個面，一起吃著外帶的午餐，一邊聊著工作上的事。妳喜歡他，他也喜歡妳。

可能就是他了，至少光想著他也讓妳興奮，但是也不無可能，他就跟其他人沒什麼兩樣。事實是，光想起他，妳的心兒就怦怦地跳。妳的生活中出現一個男人，妳不由得浮想聯翩，無法停止想像下次見面時會如何。很快地，妳的思緒一下就開始想像起一起渡假的情景，妳想買什麼當生日禮物送他，邀他一起回家共度感恩節，很快地，妳開始思索著，不知道是不是就是他了。

不消多時，妳發現自己試著想花更多時間和他在一起。不知不覺間，妳取消了和其他朋友的約會，空出時間給他；妳好像再也不想出門認識別人了。妳現在所有的焦點都在他身上；為了想多跟他相處，妳開始以他為中心安排自己的生活。妳不禁想著，該怎樣讓這段剛萌芽的感情快點往前推進，妳試著引導對話往你們現在是「什麼關係」的方向去，妳想讓兩人盡快穩定下來，成為對方眼中的唯一。

不過，這一切都只在妳腦海裡上演，同時，他腦子裡想的只有下次約會該帶妳去哪間餐廳好。

問題就出在這，就在妳已經開始把焦點放到未來的同時，他只想著今晚該吃什麼，於是，他開始不解，為什麼兩人的步調好像兜不起來。諷刺的是，就算他原本確實有考慮和妳更進一步，但現在他反而退縮了。怎麼會這樣？

第一個原因是因為他還沒有時間說服自己接受「你們兩是一對」這個概念。他需要一些空間才能思考。而第二個原因則是，他會開始覺得妳的價值感降低，這讓他更難說服自己和妳定下來。過去妳苦心經營創造出的認知價值和挑戰，在急於討好對方的當下，早已被瞬間丟到九霄雲外去了。絕對別犯這個錯。

為什麼會這樣？並不是因為女人不挑，多數的女人對於自己想要怎樣的男人可是一清二楚，既然這樣，又為什麼這麼多女人老是急匆匆地想和還不算非常了解的對象確立交往關係呢？

白馬王子養成記？別傻了！

因為實在太想談戀愛了，所以女人總能想出法子把隨便哪個男人塑造成她想要的完美形象。她會先找到一個符合一、兩項條件的男人，剩下的就自行填空吧，把其他的期待強行加諸在對方身上，把他變成白馬王子（這可和實際狀況相差了十萬八千里），最後導致自己過度看重對方。這麼做創造出一個假現實，因為對方並不真正如她所想，或許他是個很棒的傢伙，但實際的優點卻可能和她想像出的樣子大相逕庭。

就算妳不會犯以上的錯誤，還是有可能犯下這個錯誤，誤以為對方在其他領域中展現出的特質，也會順理成章出現在兩人的感情生活裡。當女人遇到一個看似成功、充滿魅力、表達能力出色的男人時，就會拿出那張理想對象的表單開始核對。他越是呼風喚雨，和別人的互動越順利，經營事業、與人打交道的樣子看起來越得心應手，她就越容易踏入這個陷阱，她會這麼想：「哇！這個人真是太棒了！他擁有我期待理想對象具備的所有特質。現在我要過去跟他聊聊，讓他知道我有多喜歡他。」

這麼做有什麼問題？她為了對方傾心不已，卻沒注意到，**也許他的確把生活過得很精彩，但是他還沒為妳做任何一件特別的事**。他或許是很棒的人，但這也不代表他就是很棒的交往對象；一個男人是否是好的交往對象，端看他和妳情感連結程度多好而定。或許他的確獲得了妳的肯定，但在他真的投資在妳身上以前，要贏得

「很棒的另一半」這份肯定還早的呢！

所以，我要強調再強調：妳只應該從「他為妳做了什麼」的角度去評估一個男人。

妳放感情的對象應該是……

當我發現男人一直承受著「物化女性」的罵名時，著實震驚了一下。毫無疑問，男人確實就是這樣，後青春期的男人看到有魅力的女人時，有時的確會這麼想：「把她吃了我很可以！」基本上，要找到一個不會這麼想的男人大概很難。

但容我直言，女人也常物化男性啊！她們也常在根本還不認識對方，或根本還沒有任何交集的情況下，就先根據他的成就、財經地位、權力、天生氣質等品頭論足一番，這難道不是一樣的事嗎？我們本來就很容易「物化」那些不認識或不熟稔的人。當我們這麼做時，就無法和人建立真實的關係，因為我們並不是試著和他們互動，而只是對這些客觀性格特質產生興趣，然而它們卻無法幫我們建立個人性的情感連結。

這些態度都會讓女人太早就為某個還不值得她關注的男人付出心力。想當然，這麼做絕無法保證有回報，但她卻會開始期待對方也有所回應。也就因為這樣，女人通常傾向於選擇最有吸引力的男人，這和男人通常會選擇次佳的女人恰恰相反。以下的陳述句看起來或許有些以偏概全，但卻滿一針見血地點明出重點：

給男人十個女人，他會玩得不亦樂乎。

給女人十個男人，她會選得不亦樂乎。

這並不是說，男人不想定下來，然而男性本能會讓他們好好探索所有選項；而女性本能則是快速地過濾掉不喜歡的選項，然後趕快跟最喜歡的那個人定下來。至於其他的，就別管了。妳現在可能在想，難道女人應該跟男人一樣四處留情？非也非也。我的意思是，與其專注在一個需要花更多時間才能了解的人身上，硬逼出一段感情，女人其實應該花時間去認識更多男人後，再慢慢縮小範圍。喔對了，當女人慢下步調時，男人反而就會行動得更快。因為他會好奇，為什麼她看起來這麼隨興，完全沒有想逼他趕快定下來的打算。對他來說，這一項認知挑戰的難度提高了，這讓他不禁思考還需要做點什麼，才能讓她眼中只有自己。當男人看見妳很謹慎，也沒有趕鴨子上架似地和一個還沒竭盡所能為她做些什麼的男人進入感情時，她在男生眼中的認知價值就提高了。現在，換成他得下功夫了。妳知我知，人們會看重自己花力氣在上頭的事，而即使最後他們如願得到，其價值仍舊不會減損。

如何判斷妳可以投資在他身上？

假設與妳進入感情視為一項穩賺投資，對方該如何做才能獲利呢？就是會付出各種努力贏得妳。不管做什麼，他一定會想到妳，想盡辦法來看妳，展現出自己的慷慨、無私，同時為妳的最大利益著想，並且也會樂意支持妳。等他建立起愛情銀行的信用時，妳就會適時地報償他，而當妳這麼做時，他會把妳給的獎勵和他在妳身上所做的投資連結在一塊，也就是說要想從妳那得到更多獎勵，他就得投資更多在妳身上。

在前例中，女人根據外在條件決定喜歡對方，基本上就等於平白無故給他毫無上限的信用額度，試圖綁住對方。但是，對方根本就還沒有特地為她做過任何事，也就是說，他在愛情銀行中原本應該要是零信用的狀態才是，但因為女生試著要他定下來時，他就將兩者劃上等號了：原來他什麼都不做也可以得到她。

切記！不費吹灰之力就可以獲得的人事物，男人是不會珍惜的。

妳對男人的評價，應該依據他如何對待妳而決定。

和許多浪漫愛情片的劇情正好相反，男人只是喜歡妳，或只是愛妳，都遠遠不夠。很多男人口口聲聲說愛妳，卻待妳如糞土。**要真正看出他是否喜歡妳，就是他**

做了哪些和妳有關的事、他如何表達情感，才應該是妳做決定的參考。

一個珍惜妳的男人，才是可以考慮和他認真發展感情的對象。如果他珍惜妳，就一定會表現出來，所以，在他有實際的表現之後，妳才可以考慮是否選擇他。至於其他人？他們才不是妳的真命天子！

關於愛情，馬修這麼說：

比起男人，女人的腦子很快走到「承諾」這一步！我的建議是，聽完了甜言蜜語後，請用「他為妳做了什麼」的角度去評估！

☑ Step3

一手掌握他

KEEP THE GUY

17 男人會為妳瘋狂的五個原因

每當我收到這樣的電子信件時，總是不由得打了冷顫，這些信是這麼說的：「嘿，馬修，過去六個月以來，我一直都照著你的建議做，不過因為我已經交到男朋友了，所以從現在開始我要取消訂閱你的電子報了。非常感謝你的幫忙！」

我一向很珍惜人們的謝意，但這類信件總讓我覺得寄件者並沒搞清楚重點所在。把「成功進入感情」視為終點，都是太過相信好萊塢傳統幸福結局害的。兩人費盡千辛萬苦終於在一起，他們接了吻，結了婚，配上在音量漸強的浪漫背景配樂，出現工作人員名單跑馬燈，兩人就這樣從此過著幸福快樂的日子。

然而，現實生活裡這種事並不會發生。一段感情要能長久，需要不斷維持、持續成長。妳已經得到他了，現在是搞清楚到底想不想留住他的時候了！如果妳想和他繼續發展這段關係，又該如何提高最終獲得圓滿結果的機率？

截至目前，我們學習到的各種原則，仍舊和滋養、建立一段長久且充滿愛意的關係有關。如果妳相信對方就是白馬王子，那現在可不是夜郎自大、翹著二郎腿的時候！妳生命中所有美好的事物都需要不斷被滋養：身體、專業、友誼、家人的感情等，同樣地，妳的感情生活也是。滋潤感情生活的方式來自兩個不同面向：一方面，妳需要確保從對方那裡能獲得妳所需的事物，同時，他也需要感受到，他無法從其他人身上獲得妳所提供的一切。

五件事讓他為妳瘋狂

在接下來這個部分，我將告訴妳男人最深層的需求。妳可能會覺得這只是單向地努力，但別忘了，我曾當過男人們的教練，那時也派給他們很多功課。所以，暫且聽我道來！請仔細閱讀，這些都是這些非常簡單、埋藏在男性基因中的觸發點，當妳按下這些心理開關時，就能成為他想永遠留在身邊的女人了。

①肯定他的性能力

我們談到男性自尊會依照他在性方面獲得的肯定程度而有差異。不管是第十次約會，或是已經交往了十年，男人是不會從「需要成為被渴望的性對象」這件事上畢業。這不只是你們兩個有沒有發生關係，而是在於他自己有沒有能力撩起妳的性慾。

他身為男人的自尊感，會無可救藥地渴望和妳在性方面緊密相連，他需要有在這方面無人能及的感受。他知道一定有在體態上更迷人的男人，但他得要是那個唯一能給妳完整性滿足的人。不論他在情感上和妳多親密，這種原始需求永遠存在，而在一段感情中，它的重要性甚至更大。

當然，女性也會想擁有充滿激情和滿足的性生活，她們也需要感受到自己是有性魅力的，這種渴求不分性別。雖然不容易理解，不過，男人需要知道自己擁有撩起妳性慾的能力，因為這是他肯定自己男人味的方式。了解這點是很重要的。如果他在性方面無一可取，那麼他把自己和毫無可取之處劃上等號，最後他會開始對自己生氣。

女人最容易犯的錯誤之一，就是沒有對她的男伴顯露出和剛交往時相同的性肯定，她們不再說他有多性感，也不再說自己有多喜歡他的身體，多為他著迷。在這方面，男人不論任何年紀都需要知道自己還是能讓妳神魂顛倒。西方文化常描繪女性需要在外表上獲得肯定，但事實上，男性在這方面的需求其實比女性還大。當妳展露出對他的性渴望，對他來說就是一個鼓勵，而且能讓他成為妳想要的的男人。

幸好，對他表達性方面的肯定並不是難事，其實還滿簡單的，令人傻眼地簡單。我即將告訴妳這個厲害得難以形容的技巧，妳得發誓絕不會用來做壞事。

我其實有點掙扎要不要寫這些，但是，女人對於自己的話多有能力毫無所覺，如果妳想從現在就開始對他產生影響力，請好好說話。男生對這些話可是一點招架能力都沒：

你……時真的讓我招架不住……

你……時真的讓我好喜歡……

天哪，你……時真的好性感……

比如說，如果想要他滿足妳的性需求，那妳得在他做對時讓他知道：「你這麼做時讓我更想要」或「你這麼做時真的會讓我受不了」等，而如果他在床上做了一些妳喜歡的事，千萬拜託，呻吟得更大聲吧！妳要確定他知道自己能取悅妳。相信我，如果男人知道自己做某些事能讓妳性慾大開，他就絕對、不會忘記。他們會珍惜這樣的時刻，並且永遠存在心裡，只要簡單這麼說：「你穿那件T恤真讓我難以招架」、「我好喜歡你這樣親我」，然後就等著看他一天到晚穿著那件T恤和一直被他這樣親吧！

這個方法厲害的地方在於，妳可以告訴他自己喜歡什麼，而他想要盡可能、時常去滿足妳的喜好，不只這樣，最大的祕密是這些句子就連用在和性愛無關的事上都可以。如果妳告訴他，妳難以抵擋強壯二頭肌的魅力，那下次妳還沒到他家以前，他就會先做個五十下伏地挺身。我可沒有誇張。假如妳說，「我真的好喜歡你給我驚喜喔」，那請準備好比妳所期待的更常獲得驚喜吧！我記得有個男性友人的女友曾說很喜歡他幫自己買內衣，於是忽然之間，不管生日、聖誕節，他都只會買內衣當禮物。

我其實很不想告訴你們這個內線消息，因為我老是重複作一個惡夢，夢裡有一堆男人幫女生們洗車、拖地、擦鞋，這都是因為女人們對他說，他做這些事時好性感喔！

② 看見他的獨特

每個男人都需要他的女人認為他最獨特，自己有些特殊之處是只有妳才懂得欣賞，而且也是其他男人不能給妳的。他一定是某個原因才被妳選上。男人不願意失去能了解並且欣賞他的女人，她的獨特眼光更會大大影響他看待自己的方式，這是一個充滿力道的合理推論。如果他失去這個女人，他不只是失去她，而是連帶地失去用對方眼睛看待自己的方式。

比起辛勤獲得的外在成就，一個有所成就的男人寧可妳欣賞這些成就背後的人格特質。很多人是被他的錢、地位、能力吸引，所以稱讚這些並不會讓他覺得特別。能了解他的品格，不過度被其成就吸引的女人，才是他想找的對象。他得知道，就算失去一切，身邊的她仍舊會選擇自己，而不是其他男人。

稱讚男友或伴侶時，越明確、越具體越好。我還記得有次在湖邊和某一任女友講電話的情景。我打給她說，從現在所站之處可以看到一些小鴨游來游去，真希望她也能看到牠們有多可愛。她聽了後說：「喔！馬修，我就是喜歡你這樣，雖然你很有男子氣概，但偶爾又會露出這麼溫暖又貼心的一面。」她這麼說，真是稱讚到我心坎裡。假如她只有說「喔！你好貼心」，那麼效果就打了好幾折，因為這聽起來很一般。她很具體地告訴我她喜歡我個性的哪一部份，於是這成了讓我永難忘懷的一個讚美。

對於稱讚，男人遠比女人所以為的更感性，如果他自認妳從沒遇過和他一樣棒的男人，那麼他就會覺得自己很特別，這對他的影響遠超過妳想像。正因為如此，連帶地，妳對他來說也變得非常特別了。

在電影《007首部曲：皇家夜總會》裡有這麼一幕：龐德被毒打、逼供、幾乎快一命嗚呼，後來他在渡假中心休養生息，龐德女郎薇絲朋・琳德（Vesper Lynd）來看他，稱讚他的英勇：「就算你只剩下微笑和小拇指，還是比我見過的任何男人還像男人。」用這種方式稱讚男人很重要，因為這會讓他覺得妳比任何人都還了解他。我不要妳沒頭沒腦地諂媚或拍無意義的馬屁，不，妳得真心地稱讚他，這麼做，能建立妳和另一半的情感連結，同時讓他知道，妳真的了解他。這種真實的聯繫能讓他把妳放在最重要的位置上，遠超過他生活中的任何人。

③成為忠實隊友

最佳伴侶是一個團隊，兩人為對方撐腰、著想。我們會自動把「忠誠」這個字和「性忠貞」聯想在一起，比起僅僅忠於夫妻關係，這種穩定、信賴、有我挺你的舉動能傳達出更深刻的忠誠感。

不消說，要能維持這種關係，雙方都得同等付出。忠誠意味著無私支持對方的目標，容許他成功，容許他享受並過著他夢想的生活，即使有時候，他的夢想只由他獨享。這種忠誠背後的心態其實很簡單：如果某件事影響你，那同時也影響了我

（們）。

當妳和朋友在一起時，也要對他忠誠。應該這麼說，不論跟誰在一起，妳都要對他忠誠。在這點上，男性或許比女性更敏銳。別在人面前貶低他，不支持他，質疑他做某件事的能力，這些行為都傳達出一個清楚的訊息：「我根本不把你當男人看。」

他希望妳能挺自己。小心了，當其他人在訕笑妳的另一半時，別跟著他們瞎起鬨，他或許不會跟死黨計較，但妳得小心別跟他們一樣。他需要他的夥伴不受誘惑，堅定地支持他，就算只是用開玩笑的方式為他辯護都行。當妳在當下表現出對他的支持，他就會特別感激妳。

成為一個忠實的伴侶，妳不需事事都同意他，但卻得努力從他的角度看事情，並且不去做任何可能會打擊他自信的事。一個成功的伴侶不只能讓對方的生活過得更好，同時也能幫助彼此成為更好的人。忠實的伴侶之間不會競爭、扯後腿，而是成為一個團隊，妳會覺得兩人一起遠勝過單打獨鬥。

④讓他保護妳、為妳付出

雄性動物的本能是提供保護和物質，對象包括了自身和其他人。從小，男性通常會被教導不能隨便露出情感上的脆弱之處，這樣當以後需要踏入世界征服可怕對手時，他們才能專注在手上的任務了。現實世界中可沒有容許情緒生存的空間，被沉重的感受抓住，會讓他們無暇執行保護和提供物質需要的任務。

當一個男孩哭時，別人常要他別哭了，振作起來，堅強點！在學校，他學會了不能在其他男生面前表露情緒，如果在學校遇到令自己沮喪的事，他也不會去尋求其他男生朋友的慰藉，不，他被教導要藏起這些感受。於是，男生用隱藏而非顯露情緒的方式過活。我並不打算評論這是否是處理情緒最積極或健康的方式，反正現在教養男性的方針就是如此，妳得記住這點。最重要的是，當男性為了保護他人、為他人付出需要禁錮自我時，反而是他們最能感受到自我存在價值的時刻。

女性主義風行的當今，這種想法看似過時迂腐。好幾個世代前，男人靠賺錢來滿足他們保護和提供物質的需要。的確，大多數男人都是如此。但現在是二十一世紀了，現今的女性對家庭經濟有著更多且顯著的貢獻，也就是說，男人也得更上一層樓。只是拿著薪水袋回家，甩在桌上，然後打開一瓶啤酒，窩在沙發上看電視？

這再也行不通了。

男人需要知道他可以是妳的提供者，他需要知道自己在妳的生活中有某種程度的存在必要性，他能給別人無法給的東西。

妳的堅強、獨立，並不會減損他的男人味任何一分。沒錯，獨立是妳成功吸引到他的部分原因。但是，如果他聽到妳說任何類似「我不需要你幫我做任何事，我自己來就行了」的話，他就會開始思索，那你們交往的意義何在？如果妳對他沒有任何需要、要求，他就會懷疑起自己存在的必要。

當男人覺得他在妳人生中可有可無，沒有他妳也可以快樂過活時，這會讓他覺得很窩囊。他的內建就是成為那個總是能出手幫妳的人。

這讓我想到，如果男人和女人一起看伍迪．艾倫的一部老片《漢娜姊妹》（*Hannah and Her Sisters*），那一定是對雙方來說都很辛苦的一件事。片中主角艾略特跟漢娜大吵一架，艾略特抱怨說，他覺得漢娜根本就不需要他：「我要的是一個需要我的人，跟一個給很多卻要得很少的人在一起，真是太難了！」即使漢娜辯稱她對艾略特布需求啊，但艾略特卻充滿挫折地回應，哪裡有？我根本就沒看到！

漢娜是個富有、事業又有成的演員，她用盡心力討好每個人，不斷為身邊的人付出，但是她的先生艾略特卻在這段關係中迷失了，他覺得漢娜的生活裡容不下自己，畢竟，他需要的是一個覺得他很重要的人。悲哀的是，漢娜確實有需求，只是艾略特視而不見。她不表達需求，也不讓艾略特知道自己從他身上獲得了什麼，缺乏溝通的情況下，讓艾略特在這段關係中一無是處。

當個堅強的女人和需要男人這兩件事並不衝突，我不希望妳把它和黏人搞混了，黏人是絕望感的具體表現之一，但是在一段關係裡，妳的男人要從妳那感受到他是被需要的。

假設妳今天過得很糟，讓他表達支持，這也是讓他能保護妳和為妳付出的方法之一。如果妳今天過得不順，不妨和他分享，妳或許會想省略無聊的細節，只想用「今天過得爛透了，不過別擔心」打發他，妳以為這是貼心，但這麼做無異於將他擋在門外，讓他失去說些什麼安慰妳的機會。

另一種方式，是直接告訴他妳今天過得不好，讓他了解妳的需要，並且直接告訴他可以怎麼安慰妳：「今天工作真是爛透了！我現在只想靠著你，讓你惜惜。」於是，他可以陪陪妳，這讓他覺得自己是世界上唯一可以安慰妳的人。

不論兩性平權在經濟、社會、文化面上走了多遠，骨子裡，男人還是認為照顧女人是他們的責任。如果妳不想點辦法讓他感受到妳對他的需要，他的自我價值就會開始崩解。好消息是，向妳的另一半表達他對妳的重要性其實一點都不難，也不花力氣。一個親吻、一個擁抱，或一句「我今天好想你喔」、「好想趕快回家跟你在一起」，就能化腐朽為神奇。

⑤被妳滋養、支持

男人進入感情關係後，需要感受到他的伴侶是史上最棒的支持者，妳會為他加油，支持他追尋目標，成為他背後的那個女人。

滋養男人最好的方法是什麼？相信他！如果妳相信他，他就會想一直、一直待在妳身邊。一個相信他的目標、能力和男人本質的女人，能為我們注入任何人都無法提供的能量。我們打死都不想放開這個人。如果妳告訴妳的男人：「別人做得到，你一定也可以！」那妳就會成為他心目中最特別的那個人。

我們多少都會有懷疑自己的時候，當他遇到這種狀況時，妳告訴他：「我完全相信你的潛力。」那麼因著妳的支持，他會更努力地再挑戰一次。妳知道他有潛力能做得更好，於是這創造出良性循環，妳為他打氣加油，最後妳就得到一個最棒的他。

這並不是說，妳是為了他的潛力才跟他在一起，妳喜歡他現在的樣子，他也符合妳的條件，所以你們才會在一起。但是，他需要看見妳相信他有能力獲得自己需要的事物，也能發揮出他擁有的潛力。這讓他有所期待。對男人來說，最糟糕的事莫過於擁有遠大理想，但另一半卻不支持或漠不關心。他希望妳關心並且支持他在乎的事，他對自己的夢想感到非常興奮，而他希望妳也一樣。

我能理解，這些建議好像和之前提過的觀念衝突：妳不明白怎麼能夠有高質感、自信獨立、不需要男人賦予生活意義，同時又表現出需要妳的男人的樣子？這兩者之間最大的差異，是因為我們現在討論的議題是怎麼「留住妳的男人」，所以重點是要連結情感、分享愛情，在這個情況下，「示弱」就有其必要性。每個人，就連最自我中心、意志堅定、樂觀積極的人，都會有脆弱或有深切需要的時候，有時候這些需求被埋得好深，連我們自己都不知道它存在。一段對彼此許下承諾的關係，是一段能讓彼此分享感受的關係，而若雙方願意這麼做，兩人之間的牽絆就會更深刻。

世界上每個男人都在找尋這麼一個女人：她需要，但不依附他；她性感，但不只是性感；她善良大方但不尋求他人認可；她忠誠，支持他不斷成長，卻不會對他指手畫腳；她為自己的男人打抱不平，但不嫉妒他的成功；她獨立自主，但又讓他是她心中最重要的人；她在外呼風喚雨，但和他在一起時又是這麼脆弱、溫柔。

聽起來好像十八般武藝樣樣都通，但記得，這些努力最後都會回到妳的身上。只不過，妳現在得挖得更深，用自己的特質連結他的男性心理，創造出能長久維繫的情感關係。

關於愛情，
馬修這麼說：

的確，這本書就是要能幫助妳脫單成功，但這非意味著公主與王子從此過著幸福美滿的日子。如何維繫雙方的感情，還能讓他一直把妳視為夢中情人，這章提到的五項：肯定他的性能力、看見他的獨特、成為忠實隊友、讓他保護妳和付出、被妳滋養和支持。絕對不要忘記呢！

18 他真的是妳想要走一輩子的人嗎？

妳已經得到他、成為他夢寐以求的女人，現在，妳該怎麼知道他就是那個對的人？如果你們已經交往了六天、六個月或六年，妳該怎麼知道他值得繼續花費更多時間、精力和愛情呢？

在前面幾章，我們談到設定標準和絕對別多花一分一秒時間在不合乎標準的男人身上，讓妳可以在剛認識對方的兩個禮拜之間，就先排除掉不適合的對象。不過，在前兩個階段，也就是尋找和留住他的階段中，最困難的一件事就是：除非對方真的值得，否則絕對要避免投入情感。有時候，我們實在太想談戀愛，於是太早就妥協了。

我們太想要被愛迷得神魂顛倒的感覺，而忽略明顯存在的問題，但是，它們最後還是會回頭纏上我們。當一段長期的關係結束時，如果我們願意探查內心，對自己全然誠實，就會明白，因為我們懷抱著他就是靈魂伴侶的那一絲絲希望，結果忽視了警訊。

不久前，我的一位女性友人告訴我她是怎麼分手的。她和男友交往了兩年後分手，因為對方老喜歡和朋友去喝個爛醉。不過，她在描述這件事時，一副她根本不知道對方會這樣的樣子。我問她，頭幾次約會他們都做些什麼，她說，他們會先一起吃個飯，度過美好時光，接著再一起去喝個爛醉。當我指出她和對方前幾次約會做的事，跟對方現在做的事兩者間的關聯性時，她目瞪口呆。有時候，這些警訊並不明顯，但我們必須學會如何解讀並且評估它們。如果某些事在交往初期就很困擾妳，那或許妳該遵循直覺，不然最後會發現自己浪費好多時間在一個不值得妳付出的人身上。我有個充滿智慧的朋友曾如此說：「一段感情怎麼開始，就會怎麼結束。」

妳如何知道就是他？

我們不可能百分之百確定一段關係最後會如何，愛情之所以讓人如此魂牽夢縈，有一部分就是因為這種神祕感：妳不知道會發生什麼事。當然，人生中所有事情都是這樣，不過，我們已經花了不少時間建立這些知識，好幫助妳順利找到、留住生命中的愛情，所以，現在該是時候運用這些知識了，我們得開始去問對方一些不容易問出口的問題，藉此判斷他到底值不值得妳奮不顧身的愛情。以下是妳必須確認的幾件事：

① 他將妳看重的價值視為優先

對妳來說，人生中什麼事情最重要？有冒險感？遠大抱負？是溫柔嗎？還是以家庭為重？寬厚？安全感？

找到不但和妳擁有共同價值，同時優先次序也相似的對象，非常重要。

假如妳遇到一個很不錯的男人，頭幾週約會過程中，妳告訴他家庭對妳來說很重要，而他也表示同意，這樣看起來，你們有著相似且同等重要的價值觀。這真是太棒了！妳沒繼續追問下去，天下太平，你們又繼續約會了好幾個月。直到某天，妳希望他可以在週日一起回妳父母家吃晚餐，但他卻不想。原來，他只有在重要假日才會和家人團聚。這下可好了，你們的差異出現了。他不懂妳為什麼需要這麼常和家人聚會，而妳也覺得，他一開始根本就是誤導妳，他骨子裡才不在乎什麼家庭呢，要不然，他一定是討厭妳的家人。事實上，他可能的確也在乎家人，只是沒妳這麼在乎而已。兩人價值觀的優先順序差異在交往的過程中，從沒機會浮上檯面。

假設他價值觀清單的優先順序是，事業、冒險、親密感，然後才是家庭，那麼，他一定會把工作、旅遊、和妳在一起的次序擺在妳的家人之前。與此同時，假設家庭是妳價值清單上的第一位，工作則是第四，那麼，每次只要一講到撥時間給家人，你們就可能產生衝突。

當我們試著認識一個人時，若被他的其中一個特質所吸引，常常就會忘了先暫停一下，把其他對我們來說也很重要的事一起列入考量。我們眼中只看到那個我們喜愛的特質，而不去思考或許這個人有些還沒機會表現出來的地方。女人可能因為男人充滿拼勁而大為傾心，認為這樣子真是太性感了。然而過一陣子，當她更認識對方後，才發現他根本不像自己這麼在乎情感連結、親密感等；原來對方的拼勁都用在不停工作上，而由於情感連結排在他價值觀清單的末段，最後只讓自己覺得不被愛也不受重視。

②他實踐的力道

這點需要稍微解釋一下。

不妨這麼想：每件在妳價值觀清單上的特質，比如冒險心、聰明、慷慨等，妳都會有一套評判程度輕重的標準。

交往中的兩個人可能都喜歡冒險，但這並不表示兩人對於「冒險」的標準是相同的。或許一人覺得所謂的冒險，是攀登非洲第一高峰吉力馬札羅山，而另一半卻認為嘗試一間新餐廳就稱得上是冒險。雖然兩人的核心價值相同，但對於冒險的評定標準卻不相同。

這還不夠複雜呢，有時候還會遇到這種狀況，有人嘴上說某某價值對他來說很重要，但實際上在現實生活中卻是做另一套。

讓我來模擬情境一下。某個男人經常對他的老婆使用暴力。女方親友無法明白，為何她總是忍氣吞聲，不乾脆不一走了之？她怎能和這個視她如糞土的人繼續在一起？但旁人有所不知，原來每隔一陣子，他就會做一些又窩心又溫柔到掉渣的事，然後他會柔情似水地親吻她，為自己的不是連聲道歉，做一些能為自己加分的慷慨之舉。通常這種時候，他都會信誓旦旦地說，那個狠毒的人並不是自己真正的樣子，在這些暴虐行徑之下，他真的很愛她，絕不想傷害她。他說是某些心魔害自己做出這麼糟糕的事。我先說清楚了，他在講這些話時，可能是完全真心誠意並且深信不疑的。然而，重要的是，他平常的表現卻遠不及他所說的這一切。

這個例子裡的女人，或許能看到那些微小、一閃而過的溫柔，而「溫柔」剛好也是她高度看重的特質，所以她說服自己，雖然對方會施暴，但確實是自己夢寐以求的男人。她繼續留在這段關係，期待能幫助對方多露出體貼、充滿關愛的那一面，這麼一來，他就不會再使用暴力了。如果她變得更好，他一定就會對自己更好。

雖然聽起來很瘋狂，但他們兩人可能還擁有同樣的價值觀，仁慈。但是只有其中一人有落實在行為上，另一個人卻只是講講。這就跟有人口口聲聲說「我是很有愛心的人」，但妳卻從沒看他有過什麼愛心之舉一樣。他們真正想表達的意思是，我想「變得有愛心」，然而這和他們能否實踐愛心是兩碼子事。

妳跟這種男人約會過嗎？他滿口多有企圖心和夢想，但妳卻從不曾看他踏出舒適圈，也沒為口口聲聲說想追尋的事物付出過努力。他可能會把失敗歸咎於外在因素，卻不為自己的現狀負起全責。他希望自己充滿抱負、努力朝夢想前進，這並不等於有去實際執行。

我來解釋一下為什麼這個觀念對妳追求往後的幸福如此重要。就算妳曾和對方討論過你們的核心價值，就算他也同意那些妳認為至關重要的價值，但是在妳真的看到他過著符合這些價值觀的生活之前，這些空口說的白話都不能算數。我們一定要根據這個人現在生活的樣子決定要和他維持怎樣的情感關係，妳是和現在的他，而不是未來可能變成的他談戀愛。

那麼，這是否表示人不會成長和改變？當然不是！我之所以從事這個行業，是因為我相信人有改變自己的能力。但我也明白，想試試自己擁有多少改變對方的影響力是個愚蠢的念頭，而把未來的幸福全押在這個可能性上，就又更蠢了。

當我們剛認識一個人，也就是第一次交談時，就要開始細細觀察他。他的行為舉止，看起來符合我的價值觀嗎？等到真的花更多時間相處後，他實踐這些價值觀的程度，和我也一樣嗎？

我的意思不是說對方的行為舉止要和妳一模一樣，每個人實踐同樣價值的方式可能不完全相同。對某人來說，所謂的慷慨可能表現在對待家人、朋友的方式上；而對另一人來說，則可能是他每週都會去慈善機構當義工。比起實踐的方式，兩人實踐的力道、深度和認真程度要相近，才是更為重要的事。

③成熟到一起成長與合作

我認為感情中有兩個不可或缺的元素，如果雙方都具備同時有能力呈現出這些價值，那麼你們就比較有可能化解彼此歧異。

這兩個元素就是成長和團隊合作。

如果妳很重視自我成長，但對方並不，那麼他改變的可能性就非常低。一開始，他可能會因為害怕失去妳而調整部分的行為，但長久性的改變需要決心和毅力，再加上他自己得真心相信，不論感情狀態如何，自我成長是有意義的。如果他對「為自己而改變」毫無興趣，那麼他也不會想為了妳而成為更好的自己。

第二個元素團隊合作，也同樣重要。如果他擁有這個價值觀，那他就會願意一起出力改善你們的關係，讓妳更快樂。團隊合作關係到他是否相信，只要你們一起攜手努力，就能改變關係中行不通的地方。

同樣地，如果妳想知道對方是否重視這些價值，看他怎麼做就知道了。當妳告訴他怎麼做會讓妳更快樂時，他有好好聽進去然後竭力為此做出改變嗎？抑或者，他會充滿防衛心，為了讓自尊好過而對妳的需求虛應故事？當妳有需要時，他是找方法幫妳，還是袖手旁觀？

他有無找到確切讓妳快樂的方法，遠不及是否和妳一起努力來得重要。因為你們兩人就是一個團隊，妳可以在過程中慢慢引導他。最重要的，是他是否擁有「想讓妳快樂」這個最基本的價值信念。妳可以和他一起努力，調整、引導他的做法，經營感情本來就是這樣，但妳卻無法為他創造出動機。

如果雙方的價值觀和實踐程度很相近，同時又都擁有自我成長和團隊合作精神的價值觀，那麼你們就很有可能經營一段成功的關係。如果交往對象的價值觀和妳差得很遠，不論多努力「嘗試」，妳都很難將對方塑造成妳期待的樣子。

我該怎麼忘了他？

我已經示範給你看，該如何找到、選擇、吸引妳的另一半，該如何和他發展、維持一段正確的關係；我也告訴妳男人腦袋裡在想什麼，以增加妳戀情成功的機率；同時，妳現在也學會能幫助自己豐富人生、吸引男性的各種心態和行為。

不過，有時候不管妳多努力，最後還是沒有好結果。

不管這些理論妳吸收、運用得多好，也不論妳是多麼有高質感的女人，多妥善向對方傳達出自己的價值、多忠於實踐互惠原則、多努力確認你們擁有同樣的價值觀和優先次序，有時候，妳就是難免會心碎。我希望我教妳的這些東西能幫助妳在愛情遊戲中取得上風，然而，妳也需要學著接受，有時候愛情就是沒有一定，這點非常重要。這種不確定性一部分的原因出在人身上，至於另一部分，則是愛情的永恆之謎。

很可能每件事妳都做對了，但最後還是以受傷或失望作結。

我們無法控制對方會否突然決定閃人，無法控制他是否會偷吃。有時，決定離開或終於明白對方並不適合自己的人，是妳。大部分的人都知道，我們只能為自己的行為負責，至於其他人的行為舉止，我們充其量只有影響力，而無決定的能力。有時候，是我們自己的任性製造出麻煩。我想大家都很清楚，就算是主動結束一段感情的人是妳，也不代表妳不會因此心碎。

偶爾，我會和女生談到分手的痛苦，有次對方告訴我說：「我從來都不會被分手影響，每次分手後我還是繼續過我的。男人是傷害不了我的。」我很懷疑，她其實是想試著想說服自己並沒有受傷。不過，這也可能表示她實在太害怕為愛所傷，於是拒絕讓自己全然地「被愛沖昏頭」，但這本來就是愛情的一個面向。毫無疑問，這也是一種應對的方式，然而，冒著受傷的風險，難道不比讓恐懼掌管感情生活來得更好嗎？

如果我們想感受到愛情的喜悅，就得冒著承受傷痛的風險。分手後的痛楚，有時得花上數月，甚至數年才能終於讓妳覺得可以承受。這種失去的痛苦感受很正常，或許甚至是件好事，因為它讓我們知道過去這段感情是有意義的，我們確實能夠極深刻地把自己交付予另一人。事實是，對於傷害，我們永遠不可能準備得夠充分，但這不代表我們不該冒險。**妳總是得先去做那些讓自己害怕的事，然後妳就會**

獲得勇氣。

該如何走出心碎？

一切都結束了。他把牙刷、T恤和書都帶走了。你們在臉書上也解除了朋友關係，妳把他的電話號碼從手機上刪掉。妳告訴所有朋友，絕對不可以再提起他的名字，對妳來說，他現在已經成了佛地魔。

在這心碎時刻，最重要的是我們如何看待這些痛苦。我們或許覺得遍體鱗傷，畢竟一直以來就認定他是靈魂伴侶。所以當我們處在重傷期時，會覺得失去這世上唯一一個可以讓我們有這麼深刻感受的人，甚至無法想像自己還能再愛上其他人。

如果我們一直這麼想，那麼不但會受苦得更久，同時還會讓其他人更難進入我們的生活，因為我們認為再也不會有其他人，於是其他事都不重要了，我們失去幹勁、目標，甚至連向前邁出一小步的能力都沒有。

但是，妳不妨從另一個角度看待失戀。

試想，妳這麼痛，並不是因為失去了靈魂伴侶，而是對他不是妳的靈魂伴侶感到失望。這很令人難過沒錯，但並不是世界末日。就某方面來說，他無法符合妳的價值觀和標準，所以他怎麼可能會是妳的靈魂伴侶呢？如果可以用這個角度想，那麼失戀的痛楚或許就能稍減一些。我不是在輕描淡寫失戀的痛楚，相信我，我也失戀過！如果是為了失望和期待無法被滿足而傷悲，妳就可以對未來或會出現的對象保持開放態度。這種痛苦好控制得多，同時，說出「雖然我現在很痛，但他不適合我。現在我可以再去尋找對的那個人了」，也會變得更容易。

雖然兩者間的差異聽起來並不大，但用這種相對正確的方式理解發生的一切，讓我們更能夠自由向前。記住，妳所有的努力和付出都沒有白費，在這個過程中，我們不但更了解自己，也更知道自己在愛情中的樣子。每段人生經歷都豐富了我們的性格，繼而為日後和他人的情感連結增添更多深度。

關於愛情，馬修這麼說：

如同每個女人都有自己的個性與喜好，這世界上沒有Mr.Right的標準範本，但絕對有幾個原則衡量：他將妳看重的價值觀視為優先；重要的不只是價值觀，還有實踐的力道；而且妳會看到他在成長，並與妳一起努力。

19 為何男人一談到承諾，就逃之夭夭？

男人並不是天生就害怕承諾，Y染色體上可不存在這種讓他寧可單身住在破爛公寓打電動，也不肯和妳定下來的基因。

一般來說，通常是因為在感情中曾有過不愉快經驗，導致他把承諾和強烈的負面感受連結在一起。當男人在感情中受苦時，他的直覺並不是去檢視關係中各種複雜原因，沒錯，他連想都不願去想。他只知道他的心被狠狠踐踏，所以，比起認真思考究竟是哪裡出了錯，把一切都怪在女人、或是交往關係上可簡單多了。於是，他認真地實踐單身漢生活，心想這樣就不會再受傷了。妳應該也認識像這樣的男人，他們常把「我不想被綁住」、「我只想維持自由單身生活」、「我只想享受生活，不想負責」這類話掛在嘴邊。

這些話可能會讓女人大翻白眼，我不能怪妳們，但從這些話裡，我們也可以看出為什麼男人有時候會把承諾和痛苦綁在一起。

關於男人和他的單身生活

對黃金單身漢來說，「定下來」這個概念，會立即讓他想到這個畫面：一對無趣的伴侶，週五晚上坐在家裡一起看連續劇，或週六花上一整天整理家務。對一段關係付出承諾，看起來就像是「歡樂終結站」。這樣的想法又會再被正增強，因為每個男人身邊總有會使出這種開脫藉口的朋友：「抱歉我週六晚不能跟你們一起玩撲克牌了，我答應女友會待在家陪她」；而如果最後變成女友一起出席電玩之夜，那又是另一個可怕的場景了。當男人進入交往關係後，「我」的意思就變成了「我們」，這對黃金單身漢來說可是一大警鈴，他害怕「我」的生活就此永遠終結。

現代的男性更是受到各種會影響他看待生活方式的資訊轟炸。想想電視、電影裡那些精英份子呈現出來的樣子。可能有點太常請007出場了，但詹姆士·龐德最經典的形象就是英俊、瀟灑、身材健美、有著難以挑剔的完美衣著、性格果決，總是充滿自信，更重要的是，女人完全難以抵擋他的魅力。這還不夠，每部片裡他都可以把到各種類型的女人，影片最後，要麼另尋新歡，要麼那集的龐德女郎香消玉殞。再想想電視劇《廣告狂人》裡的唐·卓普，他又多金又是廣告天才，呼風喚雨。每個人都敬佩他，妳猜怎麼著，雖然他已婚（至少在前幾季是），但還是想睡誰就睡誰。

黃金單身漢大概會憧憬像龐德或唐．卓普這種很酷又大權在握的生活，但絕大多數的男人最後還是只能甘於成為像電影《醉後大丈夫》裡的主角，鎮日和死黨廝混，能盡量減少責任就盡可能地減少。這種男人雖無大權在握，但至少還可以閒混，想幹麼就幹麼，而且誰知道？說不定最後還是能打到砲呢！

相反地，電視劇和電影裡的老婆、女友，卻常被描繪成過於嚴肅又掃興。如果還想繼續享樂，絕對得禁絕女性出現！她們在人生中唯一的目標就是終結派對，然後盡快把你套牢。

並不是說男人都完全被這種文化洗腦，但他們的確受到很大影響。更糟的是，他們的男性死黨又繼續強化這種影響，畢竟他們也看過、吸收了這些概念，同時深信不疑。在本書稍早之處，我們談到男人很難撇下自己的朋友，穿過整間屋子到另一頭去，和吸引他的那個女人打招呼，其實這兩件事很類似。如果一個男人和一群也都是單身的男性朋友常混在一起，他很可能也會選擇適合單身漢過活的生活型態。哪個男人沒聽過單身朋友這麼說：「女人只想把你綁住」、「你只要一結婚、生小孩，就準備好跟夢想說掰掰吧」，先姑且不論所謂的夢想可能只是假象，但那不是重點。總之，黃金單身漢對見妳的父母或選購訂婚戒指可沒啥興趣！

①他還沒準備好定下來

黃金單身漢想像著他的二十年是人生中最精華的一段時間，他可以盡情生活，不需為任何人事物負責。在這黃金二十年裡，他四處旅遊，有過令人讚嘆的冒險，同時也有過許多狂野的性愛。他夢想著和各種不同女人發生關係，不需考慮任何後果。這段時間裡，他擁有最終極的自由，他想做什麼就做什麼，不需徵求任何人同意。

然而，一過三字頭的生日，在某個時刻他就會遇到那個「對的女孩」（女人常被描繪成較具浪漫情懷的一方，夢想有一天遇到白馬王子就可以定下來，但其實男人也是這樣）。當每個狂野黃金單身漢都擁有的「被老婆套牢前必做的一百零一件事」清單上的每個項目都打上勾勾後，這個她就會翩然出現。然後，等經濟狀況穩定了，他也認為自己能提供某些必要的物質保障時，他可能就會準備好定下來。

當然，這種想法完全不切實際。多數男人到了三十歲中後段時，才發現自己根本還沒完成那些他們認為二十幾歲時就可以完成的事：搭豪華噴射機環遊世界、每隔一天就和不同的火辣妹子上床，更不用說，也還沒到達事業高峰。

就算有幸能遇見完美的她，並不代表他準備好了。他害怕承諾，因為這意味著所有他殷殷企盼的瘋狂冒險、和很多女人上床的夢想再也不可能實現了。他可能會恐慌起來，想著：「我不該這麼早就遇見她的，我還沒準備好定下來啊！」

②無聊、寂寞但自由

無聊。而且孤單寂寞。

除非他是搖滾明星，不然他可沒辦法常過著三人行、開法拉利跑車載著超模到義大利去的這種生活。他也不會開帆船環遊世界，或發明某個可以用五十億美金賣給大企業的厲害產品。

對大部分的男人來說，單身生活看起來是這樣的：坐在家裡和朋友一起看電影，喝個爛醉；去夜店試著鼓起勇氣和某個女生跳舞，想辦法要到她的電話號碼；傳簡訊給隨便哪個女生，好讓自己自我感覺良好。如果他運氣不錯，搞不好還能有個一夜情。

既然如此，那為什麼男人對單身生活還這麼戀戀不捨？是流行文化根深蒂固的影響，讓他們浪漫化這個根本不存在的現實？這固然是一部分原因，然而絕大多數的男人，要麼很宅，要麼太害羞，事實上，能讓他們津津樂道的冒險經歷相當少。

但他的確玩過高空跳傘、某次也的確去了總是會舉辦週六撲克牌之夜的拉斯維加斯。

在男人的觀念裡，女人開始談戀愛後的第一件事，就是大刀闊斧施行新政，至少男人都這麼覺得。她會去到他家，接著，霓虹啤酒標誌、他最喜歡的那張椅子、真人尺寸的星際大戰黑武士立牌，就此慢走不送。原本週六晚上固定會有的電玩之夜、只著四角褲，邊瘋狂打電動邊吃已經放三天的披薩的夜晚，現在想都別想了。

也不是說單身日子多愜意，但只要還維持單身的一天，就能擁有他以為的自由，難怪他不想放手。在男人腦袋中的某個隱密小角落，他想著如果他做承諾，這個美好人生就要劃上句點。萬一選錯了人，他不就白犧牲自由了嗎？

和妳分手後，他卻跟下個交往的女人結婚

一般說來，自認還沒準備好的單身男性在二十幾歲後段、三十幾歲前半時進入交往關係後，會慣性地用「女朋友計畫」順其自然下去。他或許真的很愛對方，兩人共度的時光確實也很棒，她可能也為他的人生帶來許多難以計數的豐富，儘管如此，他還是一心相信自己還沒準備好。

時光飛逝，又過了好長一段時間。他們開始為了諸如他不想和她爸媽一起過聖誕節，或他想跟朋友去露營，而不是參加她好友的寶寶送禮會等事起爭執。到了最後，攤牌時間到。她想要他定下來，搞不好還發了最後通牒：「聽著，我們這樣下去還能怎樣？我們是在認真交往嗎？還是怎樣？如果你只想隨便玩玩，那我恕不奉陪了！」現在，他得做選擇了。跟她繼續在一起呢，或是把握這個重回單身的機會？當面臨最後通牒，本身就比較喜歡單身生活的男人一定會選擇回歸單身，才不想冒險被「困」在一段交往關係中，畢竟，對他來說，交往關係意味著太多沉重的責任，也是所有（想像中）冒險和不被管東管西的終結。

於是，他和女友分手，終於他又回復單身了！喔耶！但是，過了幾個月一成不變的日子，日復一日在家和朋友喝酒、看電影、去酒吧、晃來晃去，他才豁然醒悟，自由這個他一直以來想要的東西，根本就不像大家說得這麼好嘛！等終於想通這個道理後，他就會很容易連滾帶爬地和接下來遇見的第一個女人定下來，甚至就這樣把她娶回家也說不定。

不說妳也知道接下來的發展。前女友，也就是因為他不願意給出承諾而分手的那位，聽到這個消息後，就會這麼想：「搞毛啊？明明是他自己說不想定下來的！」然而她卻沒看穿這點，男人欺騙自己相信單身超棒的能力實在厲害到令人咋舌，但除非在他好好檢視一下事實以前，他都不太可能甘願放棄單身，即使交往的對象再棒也一樣，因此，不會對過去曾錯失的某個女孩感到懊悔的中年男子可是很稀有的。

死會好男人

當然，我們還是可以看到很多年紀輕輕就穩定交往並且步入婚姻的男人。他們是大學班對，二十四歲結婚，二十六歲升格爸媽；或是二十八歲去渡假時遇到某個女生，六個月後，砰，就這麼結婚了。死會好男人或許還是會想念，甚至哀悼逝去的單身生活，但這個完美的女人讓自己的人生變得比以前好太多了，對這點他可是一點都不懷疑。

死會好男人和黃金單身漢一樣，也喜歡各種豔遇、冒險和刺激，但他會把這些體驗和自己的感情生活做連結。對死會好男人來說，擁有一個穩定交往的女友、未婚妻甚至老婆，意味著可以擁有棒得冒泡的性愛，因為他不只可以定期做愛，而且對方對他各種小癖好和性感帶瞭若指掌。他將這個生命中的女人視為可以和他一起分享冒險和各種人生經歷的對象。他們可以當背包客去泰國旅遊，到肯亞來趟狩獵旅行，或在巴黎度過幾週假期。跟她在一起，他不只有了伴，同時還能享受和一個最了解他的人一起度過人生的美好滋味。對這個死會好男人來說，彼此承諾的關係是人生最大樂事。

不只這樣，和黃金單身漢不同，死會好男人對單身生活並不懷抱幻想，對他來說，單身生活是無趣、孤單以及和偶然認識的女人尷尬一夜情的同義詞，喔，還不說對方根本不知怎樣才能讓他「性」趣大發呢！

結論就是，對黃金單身漢來說，單身等於可以擁有性滿足、冒險和刺激；但對死會好男人來說，擁有彼此承諾的感情等同性滿足、冒險和刺激。箇中差異並不是因為兩者需求不同。黃金單身漢不見得比死會好男人需要更多性伴侶，而死會好男人對親密感和情感連結的需要程度也不見得比黃金單身漢來得多，也不是誰比較需要更有冒險感的生活方式或誰渴望更居家的生活模式等等。兩者間唯一的差別，在於他們把承諾和哪一種情緒做連結。

好消息是……

有道是「三歲定八十」，運用在我們探討的問題上，意思就是說，如果妳和某個二十七歲的年輕軟體設計師談戀愛，他喜歡熬夜工作，白天呼呼大睡，把錢都花在昂貴的蘇格蘭威士忌和去墨西哥渡假上，那麼要把他變成一個每晚九點就上床、努力攢下每分錢拿去做高收益定存的人的可能性，可說近乎於零。這就是我的重點：妳不可能改變任何人。我知道，妳也知道，但我想把話說得更白些，雖然妳無法改變一個人的個性或特質，但卻可以微調他的情緒關聯；妳無法改變基本的男性需求和欲望，但可以改變他的認知，讓他看到自己的需求可以對應到交往關係裡的哪些地方，進而從中獲得滿足。

我不是要妳用邏輯說服黃金單身漢穩定交往很好。如同我先前所說，他把承諾和人生中所有美好事物的終結綁在一塊，所以，讓他坐著聽妳絮絮叨叨提出彼此承諾的感情可以帶來什麼好處，只會讓他原本對女人抱持的看法更根深蒂固——女人是天下第一等的樂趣殺手。就算妳是辯論隊隊長，能提出關於承諾的最棒論證，妳還是無法用說的就讓他買單，從此相信承諾是個好東西。妳無法說服男人讓他渴望一段彼此承諾的關係，他得自己去推導出自己能接受的結論。

不過，就如眾所周知，坐而言不如起而行，妳的行為可以讓他看見，和妳在一起是史上最有滿足感、變化、冒險性，也是最能給予他性滿足的體驗，這麼一來，妳就能成功把黃金單身漢變成死會好男人。

關於愛情，馬修這麼說：

對，男人就是討厭單身，也害怕承諾。如果要讓他知道一段承諾關係的好，就像是女性從戲劇、朋友的例子上幻想，他需要的是這個女人讓他感受到在一起的好！

20 談「性」時間（下）

電視劇《人生如戲》（*Curb Your Enthusiasm*）裡有一段場景，可說是集已婚男士對性的刻板想法之大成。賴瑞．大衛飾演的角色和老婆躺在床上，老婆抱怨著：「為什麼每次總要我主動討愛愛？」而賴瑞回答，「妳就把我當作隨時隨地都想做，這樣不管什麼時候妳想要，只要拍拍我肩膀我就知道了。」

這句台詞好笑的地方在於，它完全符合實際情況。

咱們先說清楚一件事，我知道上述狀況並不代表全部，有些女人會發現她們另一半的性慾不及自己，但在這章裡，我打算討論的是性到底是如何和男性自尊扯上關係。

當他決定對妳做出承諾，投入情感關係時，就是准許妳成為他男子氣概的守護者。我懷疑大部分的女人並不明白這對男人來說需要多大的信任。他將這項任務交付於妳這獨一無二、絕無僅有的對象，只有妳能認證他的男性氣概。不管妳喜不喜歡，這個認證的最高等級形式，就是性愛。他脫下夾克，妳披上；妳為他烤他最喜歡的派；因為他替妳殲滅了浴室裡的蜘蛛而大灌迷湯，這都很棒，但如果妳對性事興趣缺缺，他的男子氣概就無法獲得認證。

拒絕對方的性愛要求，久而久之，會讓他認為妳是在拒絕他，最後甚至打擊到他的男子氣概。當男人為了一個女人專一地定下來時，就是把她放在自己性愛小宇宙的正中心。就是她。然而當她一而再再而三地說不，他的自尊就會受損，他需要她才能讓自己覺得被渴望、有男子氣概，但她卻一再拒他於門外。或說，至少他是這麼覺得的。

如果男人的性需求在一段關係裡被拒絕太多次，那麼就很容易發生以下這三件事其一：

1. 他變得麻木：有些男人會試圖否認被拒絕的事實，乾脆假裝自己並不需要性愛。然而，這從無法撐得太久，最後只會讓他們既挫折又憤怒。
2. 他會一直纏著妳要：有些男人打死不退，只要逮到機會就會一直試著說服對方，結果就是女方要麼嚴詞拒絕，或是勉強將就。就短期效果而論，這麼做男生不但失去尊嚴，同時也讓他失去對女方的尊重。
3. 他乾脆拍拍屁股走人：男人偷吃的根本原因之一是欠缺性安全感，以及為了證明自己的男子氣概（這並非不忠的藉口，但的確是主因之一）。一個感到絕望和憤恨的男人常會尋求肉體慰藉，藉此獲得對自我的認同、確認。

這並不是說，因為妳伴侶的男性自尊可能受損，他就可以在性事上對妳予取予求，而妳完全沒有拒絕權。我的重點是，一再拒絕和他發生性關係，可能會產生某些妳沒想過的後果。沒錯，妳的男人不能掌控妳的性生活，但了解可以如何「積極拒絕」他的求歡，絕對是件好事。

說到性，男人們是全天候開放營業，但這不表示妳也如此。不見得每次他開始拋來「那個眼神」的時候，妳就要馬上丟下一切，跳上床。當然，妳也不需為了拒絕而有罪惡感。不過，學學該如何優雅地拒絕，傳達「延後，而不是閉門羹」的訊息，總是件好事。

很關鍵的一點是，當妳說「不」時，不只要讓對方可以欣然接受妳的拒絕，同時還要讓他覺得妳仍然對他有慾望。

假設現在是週日午後，妳正在用筆電，希望能趕上截止期限，突然，妳的另一半跑到妳身後，開始用鼻子在妳脖子後面磨蹭，說妳該休息了。妳知道他想幹麼，但妳真的得搞定手頭工作。妳該怎樣才能繼續做該做的事，卻又不至於讓他覺得欲求不滿呢？不妨這麼說：「聽著，我真的得在明天之前完成這個，但我一搞定它，就會立刻跳到你身上，這樣可以嗎？」至於口氣，則應該俏皮但堅決。

就邏輯上來說，他知道就算妳此時此刻不想要，也並不代表妳對他沒有性慾，然而情感面來說，這的確很像是被拒絕了。妳知道現在不想和他做愛的唯一一個理由，因為妳正為了工作忙得不可開交，不過，溝通是任何關係的基石，在他耳裡，妳聽起來就好像是在說：「我現在對你完全沒有肉體慾望。」

對男人來說，從他愛的女人那兒受到這種拒絕，可說是痛徹心扉。當他單身時，還可以用各種方法尋求性肯定，出門玩樂、和女生調情、要到她們的電話號碼、和不同女人上床、一週約會個三次等。但當他進入單一伴侶關係時，他只能從妳身上獲得肯定。當他覺得和他維持親密肢體關係對妳來說似乎並不重要時，就會讓他開始不想要妳，時間一久，妳對他的吸引力就降低了。

美好性生活的關鍵之一，就是讓對方知道妳想要他。搶手的女人一天到晚都會被稱讚，但男人並不習慣被人稱讚長得好看或性感。「我還挺喜歡你不刮鬍子，留著亂糟糟鬍渣的樣子」，這麼一句簡單的評論，不但能提升他的自信，還能增加他對妳的依戀和妳的吸引力。不過是舉手之勞，就能讓妳的男人知道自己被如此珍惜、看重，這麼一來，他的男性自尊完全獲得滿足，並且因此而，快樂得不得了。

美好性生活的關鍵

有句關於感情的智慧之語是這麼說的。當性生活美滿時，它只占了關係的二〇%；但當性生活很糟時，它的占比就變成了八〇%。

顯然，性愛只是一段美好關係中其中的一個元素，然而它也可說是一段關係的基石，所以我們最好要把它搞清楚。當性出錯，它就會損害感情中的其他部分。幸好，對男生來說，大多時候只要妳願意定期和他做愛，他就不會有太多意見。人世間有嘗試就能得分的事情很少，性就是其一。

①對妳身體的自信

一場美好性愛的基礎並不在於他覺得妳的身體如何，而是妳自己覺得如何。妳有無性吸引力，和妳是否具備客觀美貌並無絕對關係。我知道女人對自己的身體總有著不安全感。但妳知道嗎？男人也是！妳可能受不了自己的屁股或小腹，覺得腿太粗，討厭脖子上的胎記。拜託拜託拜託，千萬別把這些對身體的不喜歡跟妳的男人分享。當褪去妳的衣服時，他可是想好好欣賞並且享受妳身體的每一分每一寸。

這是很常見也很令人挫折的情景：男人第一次脫去除去他女人的衣物，這可是大部分男人垂涎已久之事，在那一瞬間，她突然掙脫他的懷抱，飛快在房間裡四處亂竄，急匆匆地關上燈，不只電燈，連筆電螢幕發出的光也沒放過。

這下可好，幾分鐘前，他還深信自己的女人是個完美女神，被她迷得神魂顛倒到不知身在何方，然而，現在他卻聞到她身上巨大的不安全感。面對不完美，我們有兩種選擇，要麼做點什麼改變它，要麼學著愛它。

多數時候，男人還挺喜歡小小的不完美。那道疤？他其實覺得滿可愛的，還想親親它呢！妳希望可以再小一點的屁股？他可喜歡它們的手感！妳想遮起來的小肚子？他喜歡輕輕地撫弄。

有件事妳倒是可以確定：如果一個男的和妳上床，那他一定覺得妳很性感。

② 性自信

性自信和性經驗是兩碼子事，這和妳多了解性事也沒關係；而是和妳多享受性愛，多願意嘗試，多能全心投入並且找到自己喜歡什麼方式有關。任何一段性關係的品質，都取決於雙方願意放多開。當然啦，大部分的男人如果知道妳把性愛放在最優先的位置，可是會非常開心的！

③ 性多樣化

在本書較前面的地方，我曾形容過多數男人對自己人生的期待為何。特別是在剛成年後的那段時間，他們常幻想過著單身、自由、和許多不同女人有狂野性愛的生活，不論這些幻想是否真的實現，這種慾望其實是根源自雄性動物需要維持多樣性選擇的天性。

一個擁有所愛伴侶、情感關係的男人，對於多樣化性伴侶的渴求並不比獵豔玩家來得低。然而兩者的差異在於，玩家藉著和不同女人上床以滿足對性多樣性的需求，而在交往關係中的男人，則可說是有意識地自願放棄這檔事，藉著和另一半一起探索不同的性需求、嘗試新玩意以滿足這個需要。

在關係中感到快樂的男人，知道自己能擁有單身時所無法享受到的性體驗，他一定得如此相信，才能安於單一性伴侶，特別是長時間維持這種關係。而為了確保他的「犧牲」有意義，妳得讓他看見，他對妳越忠誠，你們的性生活就越有趣、歡樂、狂放和刺激。

如果一個待在關係中的男人，不但所有的性需求都獲得了滿足，同時又能實踐他的性幻想，那真可是夢想成真。不只這樣，這些性幻想是單身的人很難體驗到的。如果只是一夜情，他無法把所有他想在閨房中嘗試的瘋狂點子和對方分享，也無法要求對方嘗試特別的姿勢，或讓她用絲巾把自己的手綁起來等等。這種要求，只能在他覺得安全、不會被另眼看待的環境裡才能提出來。

④ 開誠布公

若想擁有千變萬化的性生活，開誠布公是件很重要的事。男人也好，女人也罷，其實我們常都比泛泛之交所以為的更奇怪。我們常自動假設只有自己才會對奇怪的事情感興趣，但我可以保證，每個人都有只想展露給不會批評他們、能讓他們覺得舒服的人看的一面。如果一段關係能讓男人有這種感受，那可是大大加分。當女人不但理解，甚至還支持他的性需要時，會帶來令人難以相信的強大力量。當擁有願意為他、和他一起創造專屬兩人的性生活世界的對象時，很少會有男人還想繼續保持這種和很多不同女人上床的性幻想。

⑤玩樂的能力

親密行為並非期末考，也不是在做資產計畫或計算所得稅，閨房應該是能讓兩人完全放鬆玩樂、咯咯傻笑和胡搞瞎搞的地方。如果妳願意讓性變得有趣，就能讓他不這麼有壓力。他越覺得臥房的氣氛是接納、有趣的，他就越能放鬆並且取悅妳。

關於性的唯一規定

妳應該已經知道，我比較喜歡大方向性的準則而不是死板板的規定，但關於性，我倒是可以接受這唯一一條強制規定：兩人之間，想試什麼都行。

妳可能對沉浸在某類性幻想中沒啥興趣，或許會覺得尷尬、震驚或純粹就是沒興趣。但採取「絕不說絕不」的態度很重要，妳不妨設下「凡事至少試個一次」的方針（當然要在合理範圍內，如果對方提出非常暴力或甚至殘虐的要求，快逃，跑得越遠越好。很可能他根本就不適合妳，至少當他提出這種要求時，妳就知道你們不適合）。

好啦，現在妳知道別忘記保持自身安全，那麼，接著讓我來告訴妳為什麼應該滿足他的性幻想。如果他說想試試一些花招，而妳的回應卻是：「我這輩子、等一百萬年、絕對都不可能這麼做。」那麼他腦袋裡的警鈴就會開始大作。妳不假思索地拒絕，會觸發一股他所熟悉的恐慌感，通常是在他覺得被困住，或覺得因為這段關係錯失其他體驗時才會出現。

這種恐慌感到了最後，成為男人懼怕婚姻和單一伴侶關係的原因。妳想都不想就斷然拒絕那些他躍躍欲試的事物，引發他最大的惡夢：終生在性愛上的需求都不會被滿足。

這聽起來實在不合理又太過誇張：怎麼可能只因為妳不答應穿上「奴隸比基尼」[5]，就會造成這種恐慌？但是男人的腦子就是被設計成這樣。對他來說，如果多樣性的大門被關上，難保性生活中的其他大門不會也一一關上。

所以，當他想做一些妳不想做的事時，妳該如何回應？

讓我告訴妳這個祕密吧！男人很少會真的去實踐他們腦中那些瘋狂的性幻想，他們只是想知道這個機會是否還「活著」。大部分時候，他們只要能在嘴上說說自己想怎麼做就心滿意足了。對大多數男人來說，這樣就夠了。所以，別害怕去談論它，通常讓他說些「髒話」就夠了。

頻率很重要

性愛種類百百種，特別對一段長遠的情感關係來說尤其如此。性愛不見得總讓妳欲仙欲死，事實上也沒人這麼期待。有時，妳或他只想速戰速決；有時妳性趣缺缺，但妳知道如果他多下點功夫，就可以讓妳性趣勃勃；有時他才剛出差回來，累得要命，就算他眼睛已經閉起一半了，妳還是想跟他激情熱戰一場。有時候妳感冒了，他工作壓力很大，整個過程和激情完全沾不上邊，但反正你們總是做了。這都沒問題，重點是你們有做。在一段愛情關係中，性愛的頻率很重要，當然，每對伴侶的次數不見得相同。

有時，做愛只是讓人可以發洩一下慾望，所有有性慾的成年男女，難免都有需要獨自發洩的時候。妳得試著了解並且接受，這是人性本能。所以，如果下次妳不

5 一九八三年上映的《星際大戰六部曲：絕地大反攻》裡莉亞公主的一套戲服。她被反派擄走當人質，被迫穿上這套類似鎧甲、布料極少、有項圈和鍊子等配件的金色比基尼。電影上映後，這套服裝獲得廣大注目，後來還登上《滾石》雜誌。

想要，他卻很想時，讓他知道妳很願意讓他接手，嗯，就是字面上這意思。妳不想拒絕他，但又不希望只是具充氣娃娃。解決方法很簡單，讓他自己解決便是，雙方都不要對此大驚小怪就好。如果妳想出手相助，那也很好。

說了這麼多，我們都知道，很多擁有精彩性關係的感情最後卻悲慘坐收，也有一些關係持續了數十年，而性只在其中扮演了很不重要的角色。就算妳搞定性這一塊，還是有許多其他因素決定妳能否留住他。就如某位智者曾說，男人不能只靠性活著。儘管如此，我還是願意與妳分享這條讓妳能更容易留住他的鐵則：絕對別停止跟他做愛！

關於愛情，馬修這麼說：

著名影集《六人行》有一集就提到莉亞公主的著裝是男性們的幻想。男性就是熱愛「性」，也應該是女性表達自己的一個方式，所以我建議在這上面用好奇、玩樂的心對待，也會讓你們有更多樂趣。

21 承諾就是當他發現無法失去妳

在本書第一部分，我們談到高質感的重要性。正如人們所說，非凡才能吸引不凡。

不只這樣，非凡還能讓妳持續不凡。任何一個值得留住的男人都看得出妳和其他人截然不同，於是他會自己提出和妳定下來這件事。不過就如先前所說，得讓男人自己想通，然後做出這個決定。

當男人渴望穩定的關係時，他腦袋裡會有什麼事發生？首先，他會開始相信，隨著自己付出越多，和妳在一起的生活也就越棒，而他承諾得越多，他就覺得比先前更好，更豐富，更滿足，因為在過程中，他看到妳也投資在他身上。他會更願意相信，如果他投注更多時間、精力在這段感情中，就能獲得更棒的成果。於是，他開始把樂趣和情感連結、承諾連結起來，因為他發現，當他越願意給予承諾時，在情感和性上面獲得的也更多，而且，妳也對他更敞開。

換句話說，他才該擔心你是否願意和他穩定交往的人，吊吊他的胃口，才能創造出吸引力。他想知道妳是否喜歡他，也想猜測妳是否想和他定下來，或妳是否還有其他交往對象，讓他去猜吧，哪有一開始就讓他什麼都清楚的道理呢！

男人可能會在市場上待價而沽，尋找機會定下來，但他可能並沒意識到自己正這麼做。他不會邊走邊這麼想：「沒錯，就是這樣，如果我可以定下來，人生一定會變得更好！」然而，一旦他被正在約會的對象勾住，他會突然間覺得她無人能取代，這時他就會知道，跟其他女人在一起無法獲得同等的樂趣和體驗。

正因如此，保持有趣、令人興奮的生活方式才如此重要，同樣地，妳的另一半也要一起持續探索新事物，這點是關鍵。兩人一起經歷越多，就越能把人生最美好的歷程和對方連結到，這些我們先前都提到過了。一開始妳吸引對方的特質，正是讓他想定下來的原因。差別只在於深度。

別讓自己的價值觀打折扣

開始約會後，對方還不知道跟妳算什麼關係。在這段期間，妳會評估、觀察，看看是否值得和他發展戀情。妳試著認識他，了解他的價值觀和標準為何，並且維持親切、隨和、曖昧、有趣的態度；同時，妳也讓他知道自己並不絕望，不會急著隨便找個男人定下來。妳沒有在第一、第二（或第十）次約會時就和他上床，一開始他或許會因為進度沒法更快而有些挫折，但妳本來就不需要靠和別人成為一對確認自己的價值，這點會讓他另眼相看。妳滿意自己，喜歡自己的生活，這點實在太吸引他了。他迫不及待妳為他騰出空間，讓他成為妳充滿樂趣、變化生活的一部分。

經營一個有質感的生活並不是一個以吸引到男生為目的而進行的短期遊戲，不過那些相關準則，對約會前十分鐘、第十次約會或甚至已經十年的關係來說，都很重要。

妳的時間，還是妳的

老掉牙的故事人人都聽過。女人愛上了男人，於是很快就給得太多，對他言聽計從、隨叫隨到，丟下朋友、工作也在所不惜，他成為生活中的第一優先。在第十六章我們就談過這部分，然而即使在這個階段，此一原則仍然適用。妳絕不想讓他控管行程：「既然我們已經在一起了，喏，我的行事曆拿去吧，什麼時候你需要我？」

在每段認真交往的關係中，妳最終都免不了讓對方成為妳生活中的重要組成。

然而，對方需要自己去爭取到這個位置。早早交出自己的時間、暫緩所有計畫、無視生活中其他人事物，好迅速回應他的需求，這麼做不只不會讓他與妳更親近，反而可能讓你們的關係無法長久發展下去。所以，就算說破嘴我還是要說：一個男人得自己去爭取到這麼多的時間和注意。

我記得有次傳簡訊給那時的約會對象，問她有沒有空一起吃個晚餐，結果她這麼回我：「好主意！但我這週每晚都沒空，有件工作的截止期限快到了，所以我每晚都和辦公桌有個約會。不然改吃午餐怎麼樣？」

我喜歡這個回應，因為它展示出我們剛剛談到的這個準則。一方面，她表達出想和我見面的心情，另一方面，她又把話說得明白，我還只是是她生活裡的新訪客，所以目前還不及她的工作來得重要，得等等才能輪到我。她表達出自己不會放下手上重要的事，只因為有某個男生約她，這顯示出了她是有個人生活原則的女人，而也因為這樣，在我眼中她就更迷人了。

當妳發現對方也喜歡妳時，期望藉著把他抓得緊緊，希望他一直這麼喜歡妳從來就行不通；這不會讓他更想、更願意和妳定下來，而是更不想。妳想盡了辦法留時間給他，對他來說，只證明了妳不像他一開始所想得那麼有價值。妳越想變成他喜歡的樣子，長久下來，他就越不尊重妳。還記得那個他得鼓起好大勇氣才開得了口約出去，具備高價值的美好女人嗎？那才是他想要的女人。

一些女學員曾告訴我，下面這個想像練習對她們很有用：

把妳的生活想像成一班到站稍停的列車。列車暫停，以等待新乘客上車，但如果想抵達前方那些美好的目的地，火車得開動才行，它可不能就一直這麼停下來。

火車靠站時，這位男士就站在月台上。他有很多時間可以上車，時刻表在他手上，他知道火車要開往哪，會走哪個路線，沿路會停靠哪些站。他也知道車馬上就要開了，不會在那兒空等他上車。如果他決定上車，那他會展開一段很美好的旅程，但行程可不是配合他設計的。他可以自己決定要不要上車，但火車可不會傻傻停在原地等他做好決定。

如果他決定留在原地，那也行，但他就得站到黃色警戒線後頭去，因為火車要離站了，而且很可能不會再經過這了。所有乘客請上車！

照顧好自己的生活

妳或許覺得和新的對象頗親密、來電，但千萬不能讓他有「他在外拼事業，妳在家守著電話等他打來」的感覺。因此，如果想長久把對方留住，照料好自己的生活就非常重要了。即使你們已經交往了，妳還是應該和他出現之前一樣，珍惜這個為了讓自己開心而打造出的生活模式。不只如此，妳還要繼續經營妳的生活，雖然妳可能有伴了，但妳還是需要持續讓他看見，和妳在一起的生活是多麼有趣、刺激。

我們再回到火車的比喻。妳給他一個機會上車，但別給他一整天時間考慮，因為妳有別的地方要去。假如妳沒有別的地方要去，於是一直停在月台前等他：「沒關係，慢慢考慮，我會一直在這裡等，你想上來隨時再上來就好」，那麼他立刻就會失去急迫感。他會想，不管自己做什麼，讓妳等多久，反正妳還是不會離開他，所以他也不會有「現在就得上車」的念頭。如果他知道妳會在這兒待上一整天、一整週，那他可有得是時間決定呢！

維持自己的標準

在剛開始交往的前幾個月，因為想讓自己顯得隨和、好搞、減少摩擦，讓感情可以繼續往下發展，所以對標準妥協的誘惑確實挺大，不過，請盡可能堅持自己的標準，這點相當重要。要呈現和初識時一樣的價值標準。男人會遵守女人為他們劃下的規矩，而有標準的女人讓他有努力的目標。

不論你們在一起多久，這點都不會改變。

在交往初期降低標準，隨後幾個月再提高標準，這才是會讓男人迷惑之處。舉例來說，如果他一直在約會時簡訊傳不停，妳其實覺得這樣很煩，但是可能因為怕讓自己看起來難搞或龜毛、怕失去他，而抑制住跟他說妳不喜歡這樣的慾望。不過，這對日後的妳來說卻會變成一場災難。假設六個月之後，妳試著想跟他表達不喜歡他這樣，對方會不解妳為何突然為此感到不快，畢竟之前也沒聽妳說什麼。繼續實踐妳的價值觀和標準，這樣他才知道，就算和妳約會了幾個月，也不代表他已經贏得妳的心。他會知道，在妳和他定下來，可能是永遠定下來之前，妳其實都還是在試探、觀察他，於是，他得不斷修正、調整自己，成為值得被妳視為是重要的那個人。

我不是建議大家玩心機遊戲，而是要妳看重自己，知道妳值得和擁有某些特質的人共享人生。深信自己總是能夠離開，這才是真正的力量。如果他錯待妳，外頭還有成千上百個男人在等著！

沒交往，沒甜頭

說到愛情，男女的步調似乎總是不同。才交往三個月，她就開始想像兩人哪天會訂婚，而他還以為兩人只是比較常在一起而已；她幾個禮拜前就決定「就是他」了，而他才剛開始考慮好像該做決定了。這也是為什麼讓事情自然發展這麼重要了。妳或許已經在準備和對方慢慢定下來了，但只要你們還未正式進入交往狀態，就別急著跳進去女友模式。同樣的道理，妳也不該用約會次數決定什麼時候發生關係，沒有在一起多久才能進入交往關係的這種規定。而就算一切都進行得很順利，妳還是要等待這段關係自然發展。絕不要擅自假設你們已經是男女朋友了。

趕著進入交往關係會招來反效果，原因有幾個。男人可能會因此而恐慌，因為覺得事情進展太快了。而且，他也不會為了自己得到的事物感恩，畢竟他是不勞而獲，所以，他也不會有動機更投入，何必呢？

讓我們來複習一下第六章提到的互惠原則：先給，後期待；先投資，再看看他怎麼回應。對方能回收多少，得視他付出多少而定，而妳也應該以他付出多少，而不是妳有多喜歡他來作為行動的根據。

當男人在準備好以前，就先獲得妳所有的時間、心神、性關注時，他不會覺得

「太棒了」，而是覺得奇怪。或許他原本就希望有天能成為妳人生中很重要的一部分，但他還是會希望靠自己贏得，不然他寧可拒絕。我們之前就提過這點，但值得再次提醒。這是男人不安全感本質的另一面：他需要「只有自己才能贏得妳」的感受。他不想覺得好像隨便哪個帶妳去吃起司漢堡、看電影的傢伙就可以把妳追到手。

那麼，要怎樣才能知道他是否對妳和這段關係投注情感呢？捫心自問：他會為妳特別撥出時間嗎？是否試著讓妳參與他的日常生活？他是否相信妳，對妳坦承？他喜歡和妳一起做些日常的簡單活動嗎？還是只想在晚上十點之後才見面？當你們定下來後，他可能沒急著介紹妳給媽媽認識，但他應該要逐步讓妳更深涉入他的生活，這才表示他投注了更多感情和心力。妳該留意這些事情，並且根據觀察結果調整妳為對方所付出的。

根據所見的事實，而不是心中的期待投注心力

有時候我們之所以投注過多，是因為我們看到對方身上的潛力。如果妳逼我選出一個注定無法讓人快樂的交往情境，我會選擇這個：投注心力在一個需要大整修

的對象身上，對方完全不是適合交往的料，雖然在未來某個未知的時間點上，他可能會變得更好。

我認識一個女生就曾被某個男的迷得神魂顛倒。初次約會時，他充滿熱情，口沫橫飛說著想用接下來的五年環遊世界，然後再考慮定下來。我朋友不認為他有足夠的資金可供這麼長時間的旅行，於是開始近似瘋狂地過度投入這段關係，最後事情發展急轉直下。

她錯就錯在沒把他的話當真，他或許沒有到處和其他女人上床，但也沒給出任何想和她穩定交往的蛛絲馬跡。當我們只著眼在對方的潛力上，卻忽視眼前活生生這個人的現在狀況時，就會發生這樣的事情。

改變他對承諾的認知

這種情況滿常發生的：妳和某個男人約會了幾週，某天他打電話給妳（或者，他比包括我在內的大多數男性同胞有種，直接約妳見面），告訴妳「他還沒打算維持太認真的關係」。天知道他為什麼會這麼說。可能他才剛經歷慘烈的分手，或他只是害怕。理由不重要，重要的是妳如何應對這個狀況。

不久之前的我，就像是這個男人。那時我才剛從一段痛苦的感情中「爬」出來，精疲力盡、傷痕累累。我告訴自己，短時間內都不要對任何人認真了，在當時，世界上絕不會有哪個男人比我更不想進入交往關係了。然後，毫無預期地，我認識了一個我真的很喜歡的女生。我們約會了幾次，很來電，一切都進行得都很順利，我感覺得到我們越來越親密了。於是，我慌了，開始驚恐起來。

我還不想進入交往關係！雖然我真的很喜歡她，但所謂的交往，對當時的我就是責任、痛苦、拖棚歹戲、情感耗損這些我竭力想避免的事。我不斷告誡自己，一定要趕快停下來。

某次美好的約會結束後，我開車載她回家。車子停好，關上引擎後，我慢慢轉向她說：「聽著……」當時的我大汗淋漓，不敢相信自己要用這一千零一個理由來打發我這麼喜歡的人：「我現在還不想太認真，我的意思是，我還不想定下來。」

我屏息以待等著她的回答，大概免不了憤怒、淚水或至少會苦苦哀求，當然也有反唇相譏的可能。我猜，她大概會說「既然如此我再也不想看到你了」之類的話。但她完全沒做上面任何一件事。

「OK，」她說，然後俏皮地再補充一句，「我又沒有要你娶我。」

我被她的回應嚇到了，只能順著說：「好喔，那就沒事了！」

「好喔！」她說，然後給了我一個性感到不行的晚安吻，微笑著走進屋子裡，就這樣。

但對我來說，可不只這樣。

開車回家的路上，我才發現自己真是個白痴。我幹嘛那樣說？哪壺不開提哪壺啊？我怎麼突然那麼多內心戲？我才是那個太當真的人吧！她看起來沒什麼受到這番「宣言」的影響，因為她沒把這太當一回事，也沒什麼情緒化的反應。這反而化解了我的那些緊張兮兮。我們的確，沒事。

我想再見她。幾天後，我問她禮拜五要不要來家裡吃飯，她也沒再提車上那段談話，只有說：「那天我要和朋友一起出去，禮拜天中午好不好？」「好啊！沒關係」我說。但誰說沒關係咧！現在變成由她主導遊戲規則了。禮拜天到了，我以為她的態度會有些冷淡、保留，但她還是如以往般風趣、性感。她真是太不可思議了，我們度過了美好的時光，然後她就回家了。我心想，媽啊，跟這個女孩在一起真是太有趣了。所以，兩天後我又想約她見面，這次她說，「我這週工作量很多，約禮拜六可以嗎？」禮拜六，那不是還要再五天嗎？我想著，可我現在就想見到她！為什麼還要等這麼久？

兩週後，我又再次提起關於承諾的這個話題，但這次，我要確定自己把事情做對。「聽著，我想跟妳聊聊我之前說過的話。我不知道為什麼要那樣說，很蠢。我真的想跟妳定下來。」

她笑著說：「好阿，沒問題！你確定嗎？」

「我確定，」我說，「我超確定。」我的確是。

我們來看看她是怎麼翻轉我的劇本：

① 當我說還不想定下來時，她冷靜接受

要是她大吼或大哭，我就能光明正大地跟自己說：「看吧！她的反應太瘋狂了，難怪我不想和她定下來。」相反地，我的故事結局是只能獨自承受自己行為的後果。

在我的成長過程中，我和兩個弟弟的家教一直都很好，我們不會忤逆父母、嗑藥、蹺家，或做大部分孩子都會做的那些叛逆事。長大後我跟我爸說：「你那時候有三個還在青春期的兒子，但三個都沒有學壞，你覺得你是怎麼做到的？」他不置可否地聳肩說：「可能因為我從沒給你們可以反抗的原因吧！」這就是她正在做的事！或許她沮喪，但並沒有表現出來，因為這樣，我完全沒有可以借題發揮的材

料。大部分的男人都跟孩子一樣，當他們測試底線卻發現啥都沒發生時，就會認為不需要再激烈表達自己的主張了。就如我先前所說，有些男人只是需要時間接受定下來的想法，有時候他會說自己不想定下來，但那只是內建的預設說法。與其動怒或用強烈的方式回應，不如表現出「這也沒什麼」的態度（所以擁有一個能提供妳其他選擇的生活模式才這麼重要，妳不需要裝忙，而是真的有事要忙）。

② 當我說還不想定下來時，她就把我移到生活的最後

雖然她喜歡我，但當我告訴她我還不想認真時，她就不把我看得很重要。她讓我知道，比較輕鬆的交往方式也沒問題，但既然如此，她就會用更隨興的方式對待這段關係。我投注多少，她就回報我多少。所以，她沒有讓我享受到交往關係中可以享受到的福利，而是把我放在比她生活中其他事物，朋友、家庭、工作、嗜好、空閒時間更不優先的位置上（很合理）。

③她還是呈現出最棒的一面

雖然我在她的優先清單上被「降級」了，但每次我們見面時她還是呈現出自己最好的一面。雖然我說只想玩玩，但她還是和以前一樣充滿樂趣，一樣性感、撩人，我們還是喜歡對方，親密感依舊。一切都和之前一樣美好，只不過我卻覺得不夠了，因為我擁有她的時間不夠多。

雖然是說不想認真交往的人是我，但她卻打算用自己的規則應對。是我跟她說想要輕鬆點，於是她悉聽尊便；只不過她可不打算給我那些和她在一起時才能享受到的福利。她用毫不含糊的態度讓我知道，她的火車不會為了等我上車而停止前進，不，她用行動讓我說服自己「定下來」，這次我可是迫不及待呢！

關於愛情，馬修這麼說：

整本書我都在倡導女性能主導自己的感情關係，而且不是表現強勢和專制。但妳們不需要行動之後，卻仍把決定權放在男性手上。對妳的生活下了明確的原則，展現妳的價值，讓他來跟上妳吧！

22 不變的法則：熱愛妳的人生

在寫作本書過程中的某天，我接到一通英國《柯夢波丹》[6]（*Cosmopolitan*）打來的電話，詢問我是否願意在一場由他們贊助，於倫敦某間高檔旅館為準新娘們舉辦的講座上演講。收到這個邀請讓我受寵若驚。雖然我向來以助人找到如意郎君為著稱，但是來參加我的講座的參與者，大部分都是自認情路不順的單身女子（要讓她們的態度轉為積極正面可非易事），然而這些《柯夢波丹》的讀者可就不同了，她們可是世界上最幸福的人，既然已經找到真愛，她們必定是落落大方、非常配合，迫不及待想學習這些能好好運用到婚姻生活中的小技巧。

然而，開始演講後十分鐘後，我才赫然發現自己真是大錯特錯，這些人才是史上最具挑戰性的演講對象。我還能跟她們說些什麼她們不知道的事嗎？她們正沉浸在成功脫單的喜悅中，一心相信找到白馬王子的畢生夢想已成真。我的那些建議，只對那些，還找不到對的另一半的女人才算得上彌足珍貴。留著說給單身妹們聽吧，我彷彿可以聽到她們這樣說。

我先恭喜她們即將要結婚，並且竭盡所能地希望她們可以帶走我的一些有用建議。只見聽者們逐漸不耐，我才說：「如果今天妳會帶走我說的一些內容，請帶走這個，別讓自滿偷偷在妳和妳老公之間作梗，甚至威脅到你們一起建立的婚姻基礎。還有，不管到哪去，絕對千萬不可以不跟他做愛。」當我說最後一句話的時候，她們都笑了。但我希望幾個月、幾年，或甚至幾十年後，這些話還是能幫助她們。讓妳的男人認為結婚只是開始而已。

這些年來，我指導過許多女性，有些年方二十一歲，第一次試著自己找方法尋找對象；也有許多人累積了各自不同的種種經驗。我也幫助過一些三十好幾的女客戶，她們過去曾經很享受約會生活，但現在想定下來了；也有四十多歲，結過婚、離了婚，準備好捲土重來的；或也有已年屆五、六十，突然驚覺失去另一半的自己成了寡婦，但卻仍然希望能再找到一個可以一起分享人生的人。就如同我在本書一開始所說，愛情之所以美好的原因之一，是不論人生經歷了什麼，我們仍渴望再試一次。

我不是有什麼遠古智慧，但還算聰明，知道向比我年長的人學習，聽聽他們怎

---

6 《柯夢波丹》是全球著名、主要針對女性讀者的時尚類雜誌，創辦於一八八六年，目前在全球五十多個國家有雜誌發行。

麼說。「朝氣蓬勃」這件事並沒有年齡上限，我們對年齡的看法其實是相對的。我認識一些九十幾歲的人，比許多二十多歲的人來得更有精神和熱誠。四十多歲的人懷念更年輕的三十多歲時候，而七十多歲的人則回想著五十多歲的自己。妳覺得自己很年輕嗎？很快妳就年華老去了；妳覺得自己老嗎？再過一陣子妳很快就又變得更老了。總會有這麼一天，或許就在不遠的將來，那時的妳看著現在拍的照片，會驚覺原來現在的自己如此年輕、美麗，搞不好還會對自己竟然把時間都用來在意自以為的缺陷與失敗，不去追求自己想要的事物而感到驚訝，明明在妳前方還有著大好生活，充滿著機會、可能和選擇。現在就好好把握這些吧！

我的客戶中年紀最大的，是一個購買線上課程在家學習的女士。她寫了電子信件給我：「我有段話想跟你指導的每個客戶說。我已經退休了，今年八十三歲。上了你的課之後，我認識了夢想中的男人。我們現在每天都一起打造一艘船，船造好以後，我們就會一起出海航行去。如果我這把年紀，人生經歷了這麼多事情都還可以這樣，那每個人一定也可以！」

愛，是人世間最大的快樂來源。如果妳願意跟著本書內容開始嘗試，妳會找到對的人。話雖如此，人生也不是只有愛情，不論妳的人生如何發展，不論在人生哪個階段，本書內容都給妳需要的建言。

這些課程或許是為了讓妳能認識男人而設計，它們確實也可以幫妳獲得妳想要的生活。學習、練習去創造，而不是傻傻空等；把網張大些，才能認識多點人，男女都好，他們能為妳的人生增色許多；抱持豐富而不是缺乏的心態；發展、維持那些高質感女人擁有的特質；堅持自己的原則標準；並且知道妳可以選擇。這些技巧都能增進妳自我價值，並且改善妳人生的各個面向。這是期限為一輩子的企劃案。妳的感情生活會變得更好，不只這樣，妳的心情、態度、工作表現、友誼和設定、完成人生目標的能力亦然。

若要我把本書裡的知識濃縮成一句簡單的話，那麼大概就會是這樣：「相信自己的價值，這麼一來，人生裡其他美好的事物就會跟著出現。」

國家圖書館出版品預行編目資料

Get the Guy: 男人完全解密，讓妳喜歡的他愛上妳！ / 馬修 . 赫西 (Matthew Hussey) 著；蘇凱恩譯 . -- 初版 . -- 臺北市：三采文化，2019.02 -- 面；公分 . -- MindMap 182
譯自：Get the guy: use the secrets of the male mind to find, attract and keep your ideal man

ISBN 978-957-658-108-3(平裝)
1. 兩性關係 2. 戀愛
544.7 107021963

suncolor 三采文化集團

MindMap 182

Get the Guy:

男人完全解密，讓妳喜歡的他愛上妳！

作者｜馬修 · 赫西（Matthew Hussey） 譯者｜蘇凱恩
責任編輯｜朱紫綾 美術主編｜藍秀婷 美術編輯｜鄭婷之 封面設計｜鄭婷之
內頁排版｜菩薩蠻數位科技有限公司

發行人｜張輝明 總編輯｜曾雅青 發行所｜三采文化股份有限公司
地址｜台北市內湖區瑞光路 513 巷 33 號 8 樓
傳訊｜TEL:8797-1234 FAX:8797-1688 網址｜www.suncolor.com.tw
郵政劃撥｜帳號：14319060 戶名：三采文化股份有限公司
初版發行｜2019 年 2 月 15 日 定價｜NT$320
10 刷｜2023 年 5 月 20 日